MARIA HELLWIG & MARGOT HELLWIG

Heimatküche

MARIA HELLWIG & MARGOT HELLWIG

Heimatküche

Unsere besten Rezepte

Mosaik

Bildnachweis

Bildarchiv Huber 2, Mosaik Verlag: Brauner 23, 30, 82, 123, 126, 129,
Eising 46, 47, 86, 88, 93, 98, 114, 115, 116, Feuz 69, Gerk-Newedel 131, Goldmann 57, 62, 64,
Kerth 5 alle, 8/9, 24/25, 40/41, 54/55, 66/67, 78, 83, 90/91, 100/101, 108/109,
120/121, 134/135, Köhnen 70, Newedel 13, 14, 22, 28, 44, 48, 50, 63, 65, 72, 92, 104, 112,
136, 138, Stüssel-Schmitz 34, 75, 118, 119, Teubner 68, Aquarelle: Andrea-Madeleine Büdinger

Die Rezepte sind, wenn nichts anderes angegeben ist,
für 4 Personen berechnet.

Ein Projekt der Montasser Medienagentur, München

© 1998 Mosaik Verlag München
in der Verlagsgruppe Bertelsmann GmbH / 54321

Redaktionsleitung: Halina Heitz
Bearbeitung und Redaktion: Dr. Renate Zeltner
Bildredaktion: Helga August
Layout/DTP: Martin Strohkendl
Umschlaggestaltung: Design Team München
Reproduktionen: Lorenz & Zeller, Inning
Druck und Bindung: Brepals, Turnhout
Printed in Belgium

ISBN 3-576-11161-1

Inhalt

An unsere Leser 6

Salate und Vorspeisen 8

Suppen und Eintöpfe 24

Fleisch und Wild 40

Fisch 54

Gemüse 66

Nudeln und Knödel 90

Brotzeit 100

Süßes 108

Kuchen und Kekse 120

Selbstgemachtes 134

Rezeptverzeichnis 142

An unsere Leser

Essen und Trinken hält Leib und Seele zusammen. Dieser häufig zitierte Spruch meiner (Marias) Großmutter hat sich als eine Art Motto bis auf den heutigen Tag in unserer Familie gehalten, ebenso wie die vielen Rezepte, die von Generation zu Generation weitergereicht wurden. Obwohl „die gute, alte Zeit" nicht immer ganz so rosig war, verstand man es auch früher schon, aus einfachen Zutaten köstliche Speisen zu zaubern, die heute immer noch jeden Feinschmecker entzücken.

Meine Großmutter stammte aus Tirol und verdiente ihren Lebensunterhalt als Sennerin auf der Steinbacheralm. Sie wußte noch um die heilende Kraft der wildwachsenden Kräutlein, bereitete Salben und Heiltees zu – und hatte vor allem für uns Kinder immer ein offenes Ohr. Die Sonntagsbesuche auf der Alm sind mir unvergeßlich. Noch heute habe ich den traulichen Klang der Kuhglocken im Ohr, rieche die würzigen Almwiesen und erinnere mich all der Leckerbissen, die besonders an kirchlichen Festtagen auf den Tisch kamen.

Die sogenannten „Goldenen Zwanziger", in denen ich zur Welt kam, waren in unserem Gebirgsdorf Reit im Winkel eine schwierige Zeit. Der Tourismus war noch nicht bis in meine engere Heimat vorgedrungen. Die Winter waren kalt, lang und wenig abwechslungsreich – auch was den Speiseplan an-

langte. Gelegentlich dauerte es bis in den Mai hinein, bis junge Brennesseln als „Spinat" oder für die Suppe geerntet werden konnten. Dann wurden die wilden Erdbeeren rot, und meine Mutter und ich waren schon frühmorgens im Wald, um auf frisch geschlagenen Lichtungen Beeren zu „brocken", die wir dann in den Gasthäusern im Dorf verkauften. Noch heute wünschen sich meine Tochter Margot und ihre Familie zum Festtagsschmaus ein „Müsli" mit frischen Erdbeeren oder Blaubeeren.

Auch die vierziger Jahre, in denen ich (Margot) geboren wurde, waren geprägt von vielen Entbehrungen. Mein Vater war im Krieg gefallen, und so wuchsen meine Großmutter, die „Mami" und ich zu einer unzertrennlichen Schicksalsgemeinschaft zusammen. Schon früh lernte ich von Großmutter und half im Garten und in der Küche mit. Sie nahm mich mit in den Wald, um Baumharz zu sammeln, aus dem sie dann eine heilkräftige Zugsalbe bereitete. Auch daran, daß Sie noch selbst Kernseife zum Wäschewaschen herstellte und jedes Jahr Johannisbeerwein in Glasbehältern ansetzte, kann ich mich gut erinnern. Der Duft von Äpfel- und Birnenspalten, die, auf Bindfäden aufgereiht, im Dachboden zum Trocknen hingen, durchzog im Herbst das Haus. Im Winter gab's davon ein Kompott, den sogenannten „Tauch" zu verheißungsvoll duftenden Rohr- oder Dampfnudeln. Dank ge-

schickter Vorratshaltung – vieles wurde im eigenen Garten angebaut – und vor allem Großmutters und Mutters Kochkünsten war bei uns „Schmalhans" nie Küchenmeister, auch wenn es Fleisch und Wurst nur an den Sonntagen gab.

Heute besinnt man sich zurück auf die einfachen, gesunden Gerichte, die wir noch aus der Kindheit kennen. Kochen und Essen ist in unserer Familie ein Gemeinschaftserlebnis geblieben. Trotz unseres dicht gedrängten Terminkalenders findet sich immer noch Zeit, die Familie um den Tisch zu versammeln und mit Selbstgekochtem zu verwöhnen.

Schon immer sammelten wir mit Leidenschaft Rezepte und Kochbücher, und vieles, was wir Ihnen in diesem Buch vorstellen, haben wir auf unseren Tourneen selbst gekostet und später zu Hause ausprobiert. Nachdem die Grenzen in Europa durchlässiger geworden sind, konnten wir viele neue Freunde hinzugewinnen, die liebgewordene alte Familienrezepte zu unserer Sammlung beigesteuert haben.

Auf diese Weise entstand die Idee zu diesem Buch voll köstlicher Rezepte, ein Streifzug durch die einfache, bodenständige Küche aller Regionen unseres Landes und seiner Nachbarn. Begleiten Sie uns auf unserer kulinarischen Tournee. Wir sind sicher, daß auch Sie das Lieblingsrezept zu Ihrer Leibspeis' finden werden, denn: „Es gibt nichts Besseres, als was Gutes".

Wir wünschen Ihnen, daß nichts anbrennt, daß das Salzhaferl nie in die Suppe fällt – und eine stets reichlich gefüllte Speisekammer.

Ihre

Margot Hellwig

Maria Hellwig

Essig-Öl-Marinade für Blattsalate

3 EL Rotweinessig
6 EL Sonnenblumenöl
Salz
1 Prise Zucker
1/2 TL Zitronensaft
2 EL gemischte Kräuter (z.B. Basilikum, Estragon, Petersilie, Schnittlauch, Zitronenmelisse)

1. Essig, Olivenöl, Salz, Zucker und Zitronensaft mit dem Schneebesen kräftig aufschlagen, bis eine cremige Sauce entsteht.
2. Die feingehackten Kräuter unter die Marinade mischen.

Marinade für Rohkostsalate

100 g Sahnejoghurt
2 EL Öl
2 EL Mayonnaise (50% Fett)
1 TL Senf
1 Knoblauchzehe
Salz
1 Prise Zucker
2 Essiggurken
2 EL Essiggurkenbrühe
1 EL Schnittlauchröllchen
1 EL feingehackte Petersilie
2 feingehackte Liebstöckelblätter

1. Joghurt, Öl, Mayonnaise und Senf mit dem Schneebesen gut verrühren.
2. Die Knoblauchzehe schälen und in die Sauce drücken. Mit Salz und Zucker würzen.
3. Die Essiggurken in winzig kleine Würfel schneiden. Zusammen mit Essiggurkenbrühe und sämtlichen Kräutern untermischen.

Die Sauce paßt zum Beispiel zu geraspelten Möhren, feingestifteltem Kohlrabi oder Porreeringen.

Italienische Salatcreme

2 EL Weißweinessig
1/2 TL Zucker
4 EL kaltgepreßtes Olivenöl
Salz
weißer Pfeffer aus der Mühle
3 Schalotten
1 Bund Basilikum
je 4 grüne und schwarze Oliven

1. Essig und Zucker gut verrühren. Das Olivenöl zugießen und mit dem Schneebesen kräftig durchschlagen. Mit Salz und Pfeffer würzen.
2. Schalotten schälen und fein hacken. Basilikum waschen, trockentupfen und die Blätter in feine Streifen schneiden. Schalotten, Basilikum und Oliven in die Sauce mischen.

Die Marinade paßt zu Tomatensalat, Gurkensalat, aber auch zu Endivien- und anderen Kopfsalaten.

Salatcreme mit Kräutern

2 EL Mayonnaise (50% Fett)
3 EL geschlagene Sahne
1 TL mittelscharfer Senf, Salz
1 TL Zitronensaft
1 kleine Zwiebel
1 TL grüne, zerdrückte Pfefferkörner
3 EL feingehackte gemischte Kräuter

1. Mayonnaise, Schlagsahne, Senf, Salz und Zitronensaft gut verrühren.
2. Die Zwiebel schälen und sehr fein hacken. Zwiebeln und Kräuter in die Sauce rühren.

Die Salatcreme paßt zu Salaten mit hartgekochten Eiern, Geflügelstreifen oder auch Rindfleisch.

Senfsauce für Fleischsalate

1 EL mittelscharfer Senf
200 g saure Sahne
100 g Doppelrahm-Frischkäse
1 TL Zitronensaft
1 TL Zucker
schwarzer Pfeffer aus der Mühle
Salz
4 Schalotten
1 Bund Dill

1. Senf, saure Sahne, Frischkäse, Zitronensaft und Zucker gut verrühren und mit Pfeffer und Salz kräftig würzen.
2. Die Schalotten schälen und in kleine Würfel schneiden. Dill waschen, trockentupfen und fein schneiden. Schalotten und Dill in die Creme mischen.

Diese Senfsauce paßt zu gekochtem Rindfleisch oder Kaßler, aber auch zu Heringsfilets.

Bayerischer Kartoffelsalat

1 kg kleine festkochende Kartoffeln
2 kleine Zwiebeln
1 EL Butter
Salz
weißer Pfeffer aus der Mühle
4 EL Apfelessig
1/2 TL Zucker
8 EL Fleisch- oder Gemüsebrühe

1. Die Kartoffeln waschen und, bedeckt mit Wasser, in etwa 20 Minuten gar kochen. Wasser abgießen, die Kartoffeln abziehen und abkühlen lassen.
2. Die Zwiebeln schälen und in dünne Ringe schneiden. 1/2 Eßlöffel Butter erhitzen und die Zwiebelringe darin leicht anrösten. Mit Salz und Pfeffer würzen, den Essig angießen und den Zucker zugeben.
3. Die Brühe mit der restlichen Butter erwärmen, bis die Butter schmilzt.
4. Kartoffeln in dünne Scheiben schneiden, in eine Schüssel geben und mit den Essig-Zwiebeln sowie der warmen Brühe übergießen und mischen. Den Salat an einem kühlen Platz zugedeckt etwa 30 Minuten durchziehen lassen.

Salatsauce mit Ei

2 hartgekochte Eier
3 EL Sonnenblumenöl
2 EL Zitronensaft
1 TL Zucker
2 EL Mayonnaise (50% Fett)
3 EL saure Sahne (Sauerrahm)
2 EL Sahne
2 EL Quark (20 % Fett)
1/2 TL Senf
1 TL Tomatenmark
1 TL zerdrückte Kapern
2 EL feingehackte Petersilie
1 EL Schnittlauchröllchen
1 EL feingeschnittener Dill

1. Die hartgekochten Eier durch ein Sieb in eine Schüssel streichen. Mit Öl, Zitronensaft und Zucker gut verrühren.
2. Dann die Mayonnaise, saure und süße Sahne, Quark, Senf und Tomatenmark untermischen.
3. Zum Schluß die Kapern und sämtliche Kräuter in die Salatsauce rühren.

Die Marinade eignet sich gut für Salatplatten mit verschiedenen Gemüsen, aber auch für Salate mit Fischen und anderen Meeresfrüchten.

Un drom aufm Bergerl da steht a Soldat, der schneidt mit sein Säbel Kartoffelsalat.

Kartoffelsalat mit Rapunzeln

750 g kleine, festkochende Kartoffeln
200 g Feldsalat (Rapunzeln)
4 Schalotten
150 g durchwachsener Räucherspeck
2 EL Sonnenblumenöl
5 EL Weinessig, Salz
weißer Pfeffer aus der Mühle
Zucker zum Abschmecken
8 kleine Cocktailtomaten

1. Die Kartoffeln waschen und, bedeckt mit Wasser, in etwa 20 Minuten garen. Inzwischen den Feldsalat verlesen, lange Stiele abzupfen, die Blätter mehrmals waschen und abtropfen lassen.
2. Die Schalotten schälen und in dünne Ringe schneiden. Den Speck sehr fein würfeln. Öl in einer Pfanne erhitzen und die Speckwürfelchen darin knusprig ausbraten. Die Schalottenringe ganz kurz mitbraten. Die Pfanne vom Herd nehmen, die Mischung mit dem Essig übergießen.
3. Die gekochten Kartoffeln abgießen, abziehen und noch warm in dünne Scheiben schneiden. In eine Schüssel Kartoffeln, Feldsalat und die Speck-Zwiebel-Mischung geben. Alles gut durcharbeiten. Mit Salz, Pfeffer und Zucker abschmecken.
4. Die Tomaten waschen, halbieren, Stielansätze ausschneiden und die Hälften auf dem Salat verteilen.

Italienischer Salat Tante Irmi

10 kleine Kartoffeln
4 Eier
250 g Leberkäse
250 g gekochtes Rindfleisch
2 Essiggurken
1/2 Apfel
3 EL Mayonnaise (50% Fett)
1/2 TL mittelscharfer Senf
3 EL Sahne
schwarzer Pfeffer aus der Mühle
Salz
10 Walnüsse

1. Die Kartoffeln waschen und, bedeckt mit Wasser, in etwa 20 Minuten garkochen. Abgießen, abziehen und abkühlen lassen.
2. Die Eier hart kochen, abschrecken und schälen. Leberkäse und Rindfleisch in feine Streifen schneiden. Die Essiggurken fein würfeln.
3. Die Apfelhälfte schälen, Kerngehäuse ausschneiden und das Fruchtfleisch in eine Schüssel reiben. Mayonnaise, Senf, Sahne und Pfeffer damit verrühren.
4. Kartoffeln in dünne Scheiben, Eier in kleine Stücke schneiden, beides zusammen mit Leberkäse, Rindfleisch und Gurken in die Schüssel geben. Die Sauce zugießen und alles gut durchmischen. Den Salat nach Wunsch mit Salz abschmecken und mit Walnußhälften verzieren.

Schicht-Salat

1 kleines Glas Selleriesalat
1 kleine Dose Mais
1 kleine Dose Ananas in Stücken
250 g gekochter Schinken
5 hartgekochte Eier
3 EL Remouladensauce
150 ml Sahne
schwarzer Pfeffer aus der Mühle
Salz
2 kleine Stangen Porree
2 EL feingehackte Petersilie

1. Sellerie, Mais und Ananas getrennt auf einem Sieb abtropfen lassen. Den Schinken in kleine Würfel schneiden, die Eier abschälen und ebenfalls fein würfeln.
2. Remouladensauce und Sahne gut verrühren. Mit Pfeffer und Salz würzen. Die Porreestangen halbieren, gründlich waschen, grüne Teile entfernen (und für eine Suppe verwenden). Die gelben Porreeteile in feine Ringe schneiden.
3. In eine Glasschüssel zuerst den Selleriesalat schichten, darauf den Mais. Als nächste Schicht die Schinkenwürfel darüberstreuen. Darauf die Ananasstücke verteilen und zum Schluß die Eierwürfel obenauf geben.
4. Die Remouladensauce über dem Ganzen verteilen. Den Schluß bilden Lauchringe und feingehackte Petersilie.
Diesen Salat möglichst schon am Vortag zubereiten.

Frühlingssalat mit Löwenzahn

200 g ganz junge Löwenzahnblätter
1 Handvoll frische Brunnenkresse
2 hartgekochte Eier
3 EL Apfelessig
6 EL feines Distelöl
Salz
schwarzer Pfeffer aus der Mühle
1 TL Zucker
einige Löwenzahnblüten

1. Die jungen Löwenzahnblätter und die Kresse zuerst heiß, danach kalt waschen und gut abtropfen lassen oder trockenschleudern. Auf einer Platte anrichten.
2. Die Eier schälen, in Scheiben schneiden und auf den Salat legen. Die übrigen Zutaten mit dem Schneebesen zu einer cremigen Marinade aufschlagen und diese löffelweise auf dem Salat verteilen.
Das Ganze mit Löwenzahnblüten dekorieren.

Tip
Um den Frühlingssalat gehaltvoller zu machen, können Sie auch 3 Eßlöffel Weißbrotwürfel in Butter oder Öl knusprig goldbraun rösten und darüberstreuen.

Speckkrautsalat

500 g Weißkohl (Weißkraut)
Salz
1 TL Kümmel
3 EL Kräuteressig
1 TL Zucker
3 EL Sonnenblumenöl
50 g Räucherspeck

1. Den Weißkohl halbieren, äußere Blätter entfernen, Strunk sorgfältig ausschneiden. Die Hälften fein hobeln oder schneiden und in eine Schüssel geben. Weißkohl salzen, mit Kümmel bestreuen und mit den Händen gut durchkneten. Danach zugedeckt etwas durchziehen lassen.
2. Essig, Zucker und Öl mit dem Schneebesen gut durchschlagen. Den Speck in kleine Würfel schneiden und in einer Pfanne leicht anbraten.
3. Die Essig-Öl-Mischung und die Speckwürfel samt dem Auslaßfett mit dem Krautsalat vermischen. 30 Minuten zugedeckt durchziehen lassen.

Bunter Reissalat

250 g Langkornreis (parboiled)
Salz
150 g Emmentalerkäse
150 g Kochsalami
2 Gewürzgurken
4 EL Mayonnaise (50% Fett)
1 EL Zitronensaft
1 TL Senf
Zucker (nach Geschmack)
weißer Pfeffer aus der Mühle
einige Spritzer Worcestersauce
1 Bund Schnittlauch
1 Bund Radieschen

1. Den Reis in leicht gesalzenem Wasser körnig kochen, abgießen, mit kaltem Wasser abschrecken und gut abtropfen lassen. Käse, Kochsalami und Gewürzgurken in kleine Würfel schneiden.
2. Für die Sauce Mayonnaise, Zitronensaft, Senf, Zucker, Salz und Pfeffer sowie Worcestersauce miteinander verrühren.
3. Den Schnittlauch waschen, in feine Ringe schneiden und zusammen mit den Käse-, Wurst- und Gurkenwürfeln sowie dem abgetropften Reis in die Sauce geben. Den Salat gut durchmischen und 1 Stunde zugedeckt kühl stellen.
4. Radieschen vor dem Anrichten waschen, Stiele und Wurzelenden entfernen, die Radieschen in Scheiben schneiden. Den Reissalat damit garnieren.

Tip
Noch feiner wird dieser reichhaltige Salat, wenn Sie selbstgeschlagene Mayonnaise verwenden. Sie verrühren dann 1 Eidotter mit soviel tropfenweise zugefügtem gutem Sonnenblumenöl, daß eine cremige Sauce entsteht, die Sie mit Essig, Zucker, Salz, Pfeffer und Senf würzig abschmecken und nach Belieben mit Kräutern verfeinern können.

Rindfleischsalat Maria

400 g mageres gekochtes Rindfleisch
2 große Gewürzgurken
2 mittelgroße Zwiebeln
2 Äpfel
2 TL Zitronensaft
1 EL Kapern
3 EL Mayonnaise (50% Fett)
4 EL Sahne
1 Prise Zucker
Salz
weißer Pfeffer aus der Mühle
1 EL feingeschnittener Dill

1. Das Rindfleisch in feine Streifen, die Gurken in winzige Würfel schneiden. Zwiebeln schälen und fein hacken. Äpfel schälen, Kerngehäuse entfernen, die Äpfel in kleine Würfel schneiden und mit Zitronensaft beträufeln.
2. Alle Zutaten in eine Schüssel geben, die Kapern darüberstreuen.
3. Mayonnaise und Sahne verrühren, mit Zucker, Salz und Pfeffer abschmecken.
4. Die Sauce über den Salat gießen und alles vorsichtig vermischen. Den Salat vor dem Anrichten mit Dill bestreuen.

Tip
Gut paßt zu diesem Salat auch eine Sauce aus süßer und saurer Sahne, etwas Tomatenketchup, feingehacktem Knoblauch und einigen Eßlöffeln Orangensaft.

Nudelsalat mit roten Bohnen

250 g weiße und grüne Spaghetti
Salz
1 kleine Dose Kidneybohnen
je 1 dicke weiße und rote Zwiebel
200 g Salami in Scheiben
5 EL Balsamico-Essig
8 EL kaltgepreßtes Olivenöl
schwarzer Pfeffer aus der Mühle
1 Prise Zucker
1 Bund Petersilie

1. Die Spaghetti in reichlich Salzwasser nicht zu weich kochen, auf ein Sieb gießen, kalt abschrecken und abtropfen lassen.
2. Die Zwiebeln schälen, halbieren und sehr fein hacken. Salamischeiben in dünne Streifen schneiden.
3. In einer Schüssel Essig und Öl mit dem Schneebesen kräftig schlagen, die Marinade mit Salz, Pfeffer und etwas Zucker abschmecken.
4. Nudeln, Bohnen, Zwiebeln und Salami zugeben und mit der Sauce vermischen. Petersilie waschen, trockentupfen, fein hacken und über den Salat streuen.

Nudelsalat mit vielen Gemüsen

250 g Hörnchennudeln
Salz
200 g tiefgefrorene Erbsen
150 g Champignons
1 kleine Zwiebel
20 g Butter
1 kleine Dose Mais
1 kleine Dose Spargel
1/2 frische Ananas
3 EL Mayonnaise
1 EL Zitronensaft
2 EL Sahne
2 TL Currypulver

1. Die Nudeln in reichlich Salzwasser nicht zu weich kochen und auf ein Sieb gießen. Die tiefgefrorenen Erbsen in wenig kochendes Wasser geben und 2 Minuten aufwallen lassen, danach ebenfalls auf ein Sieb gießen und abtropfen lassen.
2. Champignons putzen, waschen und in dünne Scheibchen schneiden. Die Zwiebel schälen und fein hacken.
3. Butter erhitzen, die Zwiebeln darin glasig werden lassen. Die Pilzscheiben zufügen und so lange braten, bis die austretende Flüssigkeit eingekocht ist. Leicht salzen.
4. Mais und Spargel auf einem Sieb abtropfen lassen. Spargel in mundgerechte Stücke teilen. Ananas schälen, den harten Strunk entfernen. Das Fruchtfleisch in Würfel schneiden. Saft aufheben.
5. In einer großen Schüssel Mayonnaise, Zitronensaft, Sahne und Currypulver gut verrühren. Nudeln, Erbsen, Champignons, Mais, Spargel und Ananasstücke zufügen und mit der Sauce behutsam vermischen. Den Salat abschmecken und nach Geschmack noch mit dem aufgehobenen Ananassaft verfeinern.
Den Nudelsalat mindestens 1 Stunde an einem kühlen Platz zugedeckt durchziehen lassen.

Schneller Bohnensalat Torsten

1 kleine Dose weiße Bohnen
1 kleine Dose Kidney-Bohnen
1 kleine Dose Mais
je 1 rote, grüne und gelbe Paprikaschote
200 g Cocktailtomaten
1 mittelgroße weiße Zwiebel
1 Knoblauchzehe
300 g Schafskäse
350 ml Salatdressing
2 EL Tomatenketchup
1/2 TL Currypulver
1/2 TL edelsüßes Paprikapulver
Salz
schwarzer Pfeffer aus der Mühle
1 Bund Dill
1 TL Thymianblättchen

1. Bohnen und Mais auf ein Sieb gießen, unter fließendem kaltem Wasser abspülen und gut abtropfen lassen.
2. Paprikaschoten waschen, halbieren, Stielansätze, Kerne und Scheidewände entfernen, die Schotenhälften in Streifen schneiden. Zwiebel und Knoblauchzehe schälen und fein hacken. Schafskäse in Würfel schneiden.
3. In einer großen Schüssel das Salatdressing mit Ketchup verrühren, nach Geschmack mit Curry, Paprikapulver, Salz und Pfeffer abschmecken.
4. Den Dill waschen, trockentupfen, fein schneiden und zusammen mit den Thymianblättchen in die Sauce rühren.
5. Sämtliche Zutaten mit der Marinade vermischen. Den Salat mindestens 2 Stunden zugedeckt an einem kühlen Platz durchziehen lassen.

Tomatensalat mit geriebenem Emmentaler

4 Fleischtomaten
2 Knoblauchzehen
4 EL Kürbiskernöl
2 EL Rotweinessig
Salz
schwarzer Pfeffer aus der Mühle
1 Prise Zucker
1/2 Bund Petersilie
1 EL Basilikumblätter
100 g frisch geriebener Emmentalerkäse

1. Die Tomaten waschen, halbieren und die Stielansätze entfernen. Die Hälften in dünne Scheiben schneiden und auf einem bunten Teller anrichten. Den Knoblauch schälen und fein hacken.
2. Kürbiskernöl und Rotweinessig gut verrühren, Knoblauch, Salz, Pfeffer und etwas Zucker untermischen. Die Marinade über den Tomatenscheiben verteilen.
3. Petersilie und Basilikumblätter waschen, einige Basilikumblättchen beiseitelegen, die übrigen mit der Petersilie fein hacken. Die Kräuter über den Tomatensalat streuen. Den Emmentalerkäse darüber verteilen und den Salat mit den Basilikumblättern dekorieren.

Rettichsalat mit Kräutern

1 großer weißer Rettich
1 Bund Radieschen
Salz
1 kleine Zwiebel
1 Knoblauchzehe
3 EL Apfelessig
5 EL Distelöl
weißer Pfeffer aus der Mühle
1/2 TL Honig
5 Borretschblätter
3 Stiele Pimpinelle
1/2 Bund Schnittlauch

1. Den weißen Rettich schälen und in dünne Scheiben hobeln. Radieschen waschen, putzen und vierteln. Beides in einer Schüssel mit etwas Salz bestreuen.
2. Zwiebel und Knoblauchzehe schälen und fein hacken. Essig und Öl mit dem Schneebesen aufschlagen, die Sauce mit Pfeffer würzen und mit Honig abschmecken. Zwiebel und Knoblauch einrühren.
3. Die Kräuter waschen, Borretschblätter und Pimpinelle fein hacken, den Schnittlauch in Röllchen schneiden.
4. Die Marinade über den Rettich gießen. Gut vermischen. Den Salat 15 Minuten stehen lassen und mit den Kräutern bestreut servieren.

Der Kluge verkauft seinen Essig teurer als der Narr seinen Honig.

Junge Zwiebeln mit Knoblauch eingelegt

500 g kleine weiße Zwiebeln
5 Knoblauchzehen
200 ml Rotwein
100 ml Rotweinessig
75 g Zucker
1 Lorbeerblatt
1 TL Salz

1. Zwiebeln und Knoblauch schälen. Rotwein, Essig, Zucker, Lorbeerblatt und Salz in einem Topf zum Kochen bringen. Zwiebeln und Knoblauch darin zugedeckt 30 Minuten bei schwacher Hitze mehr ziehen als kochen lassen.
2. Zwiebeln und Knoblauch zusammen mit dem Sud in ein Glas oder einen Steinguttopf füllen, zudecken und 2-3 Tage durchziehen lassen.

Zucchinisalat

500 g Zucchini
6 EL kaltgepreßtes Olivenöl
4 EL Balsamico-Essig
1 TL Zucker
Salz
schwarzer Pfeffer aus der Mühle
2 Knoblauchzehen
3 Thymianzweige
1 Bund Petersilie

1. Zucchini mit warmem Wasser waschen und abtrocknen. Stengelansätze entfernen und die Früchte in etwa 1/2 cm dicke Scheiben schneiden. Die Scheiben auf ein Backblech legen und dünn mit Olivenöl beträufeln. So lange unter dem Grill backen, bis die Oberseiten hellbraun werden. Scheiben umdrehen, wieder mit Öl beträufeln und auch die zweite Seite überbacken.
2. Essig, Zucker, Salz und Pfeffer in einer Schüssel gut verrühren. Die Zucchinischeiben zugeben und vorsichtig in der Marinade wenden. Nach Geschmack mit Salz und Pfeffer abschmecken. 2 Stunden ziehen lassen.
3. Thymianzweige und Petersilie waschen. Thymianblättchen abzupfen. Petersilie fein hacken. Die Kräuter über dem Zucchinisalat verteilen.

Tip
Auf dieselbe Art können Sie auch Auberginenscheiben oder Paprikaschoten marinieren.

Champignonsalat mit Rapunzeln

250 g Champignons
1 mittelgroße Zwiebel
1 TL Butter
Salz, Pfeffer
100 g Feldsalat (Rapunzeln)
4 EL Zitronensaft
6 EL Sahne
1 TL Honig
1 EL Mandelblättchen

1. Die Pilze putzen, kurz unter fließendem Wasser waschen, abtrocknen und in sehr dünne Scheiben schneiden. Die Zwiebel schälen und in Ringe schneiden.
2. Die Butter in einer Pfanne erhitzen, die Zwiebeln darin glasig werden lassen. Champignonscheiben zugeben und unter Rühren so lange mitbraten, bis die austretende Flüssigkeit eingekocht ist. Mit Salz und Pfeffer würzen. Die Pilze abkühlen lassen.
3. Den Feldsalat verlesen, mehrmals gründlich waschen und trockenschleudern. Zitronensaft, Sahne und Honig zu einer cremigen Sauce verrühren, mit Salz und Pfeffer abschmecken.
4. Champignons und Feldsalat behutsam mit der Marinade vermischen. Die Mandelblättchen in einer trockener Pfanne leicht anrösten und über den Salat streuen.

Blattsalate mit Austernpilzen

200 g Austernpilze
2 Schalotten
6 EL Sonnenblumenöl
Salz
schwarzer Pfeffer aus der Mühle
1 kleiner Kopfsalat
1 kleiner Kopf Radicchio
2 mittelgroße Tomaten
3 EL Kräuteressig
1/2 TL Zucker
1 Bund Dill

1. Die Austernpilze putzen, kurz unter fließendem Wasser waschen und in Streifen schneiden. Die Schalotten schälen und fein hacken.
2. Zwei Eßlöffel Öl in einer Pfanne erhitzen, die Zwiebeln darin kurz anbraten. Die Pilzstücke zugeben und so lange mitbraten, bis die austretende Pilzflüssigkeit eingekocht ist. Pilze abkühlen lassen.
3. Kopfsalat und Radicchio putzen, waschen und gut abtropfen lassen. Die Tomaten waschen, Stielansätze entfernen, die Früchte in Scheiben schneiden.
4. Salatblätter auf einer Platte arrangieren, Tomatenscheiben darauflegen und die gebratenen Pilze darüber verteilen.
5. Aus dem restlichen Öl, Kräuteressig, Salz, Pfeffer und Zucker eine Marinade rühren und über den Salaten verteilen. Dill waschen, trockentupfen und über den Salat schneiden.

Linsensalat mit Gurken und Tomaten

250 g Linsen
Salz
1 Zwiebel
1 Lorbeerblatt
2 Gewürznelken
1 Knoblauchzehe
2 Schalotten
2 Fleischtomaten
4 EL Rotweinessig
6 EL Kürbiskernöl
1 TL Senf
schwarzer Pfeffer aus der Mühle
1 Prise Zucker

1. Die Linsen auf ein Sieb geben, unter fließendem Wasser waschen und über Nacht in 1/2 l Wasser einweichen.
2. Am nächsten Tag im Einweichwasser zum Kochen bringen, Salz, die geschälte Zwiebel, Lorbeerblatt und Gewürznelken zugeben. Linsen 30 bis 35 Minuten kochen, dann abgießen. Zwiebel, Lorbeerblatt und Gewürznelken entfernen.
3. Knoblauchzehe und Schalotten schälen und fein hacken. Fleischtomaten waschen und halbieren, Stielansätze und Kerne entfernen, die Hälften in Stücke schneiden.
4. Essig, Öl und Senf gut verrühren, mit Salz und Pfeffer abschmecken. Die abgekühlten Linsen, Knoblauch, Schalotten und Tomatenstücke in eine Schüssel geben und mit der Marinade gut vermischen. Den Salat eine halbe Stunde durchziehen lassen.

Tip
Statt mit Linsen können Sie diesen Salat auch mit weißen Bohnen oder mit Hirse zubereiten.

Rotweißer Zwiebelsalat

je 200 g rote und weiße Zwiebeln
Salz
4 EL Olivenöl
2 EL Balsamico-Essig
schwarzer Pfeffer aus der Mühle
1 TL Honig
2 Scheiben Vollkorntoast
1 EL Butter
1 Bund Petersilie

1. Die Zwiebeln schälen und in feine Ringe schneiden. Mit Salz bestreuen und 15 Minuten durchziehen lassen.
2. Öl, Essig, Pfeffer und Honig aufschlagen, die Sauce über die Zwiebeln gießen.
3. Toastbrot in kleine Würfel schneiden und in der erhitzten Butter knusprig hellbraun werden lassen. Die Petersilie waschen und fein hacken.
4. Brotwürfel und gehackte Petersilie über den Zwiebelsalat streuen.

Spinattorte

300 g Weizenmehl
140 g Butter
Salz
Butter für die Form
500 g Spinat
3 Schalotten
2 Knoblauchzehen
1 EL feingehackte Petersilie
200 ml Milch
weißer Pfeffer aus der Mühle
50 g geriebener Bergkäse
100 g Quark
100 g saure Sahne
2 Eier
1 Eigelb zum Bestreichen

1. Für den Teig 275 g Mehl mit 80 g Butter, Salz und etwas Wasser zu einem geschmeidigen Teig verkneten. In Folie einwickeln und eine halbe Stunde kühl stellen. Eine Springform mit Butter ausreiben.
2. Den Spinat verlesen, waschen, aber nicht abtropfen lassen. Mit etwas Salz in einen Topf geben, erhitzen und zusammenfallen lassen. Spinat auf ein Sieb geben.
3. Schalotten und Knoblauchzehen schälen, fein hacken und mit der Petersilie in 30 g Butter anbraten. Abgetropften Spinat zufügen.
4. Die restliche Butter in einem Topf erhitzen, das übrige Mehl darin anschwitzen, die Milch nach und nach unter Rühren angießen. Die Masse 2 Minuten kochen lassen, mit Salz und Pfeffer würzen. Die Spinatmischung mit dem geriebenen Käse in die Sauce rühren. Quark und saure Sahne zufügen.
5. Die Eier trennen, Eigelb in die Sauce rühren, die nun nicht mehr kochen darf. Eiweiß zu steifem Schnee schlagen und vorsichtig unterheben.
6. Zwei Drittel des gekühlten Teigs kreisförmig ausrollen. Die gefettete Springform damit auslegen. Den Rand hochdrücken und den Teig mehrmals mit einer Gabel einstechen. Spinatmasse darauf verteilen. Den restlichen Teig ausrollen und Streifen daraus schneiden oder ausradeln. Diese gitterförmig auf die Füllung legen. Rand und Gitter mit dem Eigelb bestreichen.
7. Die Form in den vorgeheizten Backofen (200°C) stellen und die Torte 45 Minuten backen. Tortenachtel als Vorspeise auf Salatblättern heiß oder lauwarm anrichten.

Knoblauch-Baguette

4 Schalotten
4 Knoblauchzehen
100 g Butter
2 EL Cognac
Salz
schwarzer Pfeffer aus der Mühle
1 EL Schnittlauchröllchen
1 EL feingehackte Petersilie
1 Baguette (500g)

1. Schalotten und Knoblauchzehen schälen und sehr fein hacken. Die möglichst weiche Butter zusammen mit dem Cognac cremig rühren, Schalotten und Knoblauch sowie Pfeffer, Salz und Kräuter zugeben.
2. Baguette schräg in etwa 2 cm dicke Scheiben schneiden, die an der Unterseite noch zusammenhängen sollen. Die Knoblauch-Kräuter-Butter in die Zwischenräume streichen. Baguette wieder zusammendrücken und fest in Alufolie wickeln.
3. Das Stangenweißbrot auf der mittleren Schiene in dem auf 220°C vorgeheizten Backofen etwa 15 Minuten backen. Das Brot aus dem Ofen nehmen, die Folie aufklappen. Sofort auf den Tisch bringen, wo sich jeder eine oder mehrere Scheiben abbrechen kann.

Knoblauch-Baguette schmeckt als knusprige Vorspeise mit Salat oder als Zwischendurch-Imbiß zu Wein oder Bier.

◄◊►

Iß, trink, sei fröhlich
hier auf Erd, denk nur nicht,
daß es besser werd.

◄◊►

Kartoffelsuppe mit Speckwürfeln

2 mittelgroße Zwiebeln
500 g mehligkochende Kartoffeln
1 Stange Porree/Lauch
2 Möhren/gelbe Rüben
1/2 kleine Sellerieknolle
3 EL Sonnenblumenöl
1 l Gemüsebrühe (aus Würfeln)
1 TL Majoran
Pfeffer aus der Mühle
Salz
5 EL Sahne
50 g durchwachsener Räucherspeck
2 EL Schnittlauchröllchen

1. Zwiebeln schälen und fein hacken. Kartoffeln schälen, waschen und in Scheiben schneiden. Den Porree putzen, der Länge nach halbieren, gründlich unter fließendem Wasser waschen und in Ringe schneiden. Gelbe Rüben und Sellerie schälen, in Scheiben schneiden.
2. Das Öl in einem Topf erhitzen, die Zwiebeln darin glasig werden lassen. Kartoffeln, Porree, Möhren und Sellerie zugeben und unter Rühren einige Minuten anrösten.
3. Die Gemüsebrühe angießen, die Suppe mit Majoran, Pfeffer und nach Geschmack mit Salz würzen und ca. 25 Minuten kochen lassen. Die Suppe im Mixer oder mit dem Stabmixer pürieren. Nochmals erhitzen und mit der Sahne verfeinern.
4. Den Speck in winzige Würfel schneiden und in einer Pfanne anbraten. Die Suppe mit den knusprigen Speckwürfeln und Schnittlauchröllchen anrichten.

Tip
Wer aus dieser Suppe einen sättigenden Eintopf machen möchte, braucht nur Wiener oder Regensburger Würstchen in Scheiben zu schneiden und zuzugeben.

Würzige Lauchsuppe

3 große Stangen Porree/Lauch
1 große Zwiebel
50 g Räucherspeck
2 EL Öl
1 l Fleischbrühe
Salz
schwarzer Pfeffer aus der Mühle
2 EL feine Suppennudeln (Buchstaben oder Sternchen)
1 EL Thymianblättchen
2 EL feingehackte Petersilie
2 Scheiben Toastbrot
2 TL Butter

1. Den Porree putzen, die Stangen der Länge nach halbieren und unter fließendem Wasser gründlich waschen. In 1 cm breite Streifen schneiden. Die Zwiebel schälen und fein hacken. Speck in Würfel schneiden.
2. Das Öl in einem Topf erhitzen, die Zwiebeln darin glasig werden lassen. Speckwürfel zugeben und unter Rühren leicht anbräunen.
3. Fleischbrühe angießen und zum Kochen bringen. Die Lauchstreifen zugeben, mit Salz und Pfeffer würzen. 10 Minuten kochen lassen. Die Suppennudeln in einen kleinen Topf mit kochendem Wasser geben, 2 Minuten kochen. Auf ein Sieb gießen und abtropfen lassen.
4. Nudeln zusammen mit den Thymianblättchen in die Suppe geben. Kurz aufkochen lassen.
5. Toastbrotscheiben in Würfel schneiden, in der Butter knusprig rösten. Suppe auf Tellern anrichten, Petersilie und Brotwürfel darauf verteilen.

Brennesselsuppe

300 g junge Brennesseltriebe
1 Zwiebel
1 Knoblauchzehe
50 g Butter
2 EL Mehl
1/2 l Gemüsebrühe (aus dem Würfel)
abgeriebene Muskatnuß
Salz
5 EL Sahne

1. Die Brennesseltriebe verlesen (am besten mit Gummihandschuhen), zuerst in warmem, dann in kaltem Wasser waschen. 1/2 l Wasser zum Kochen bringen, die Brennesseln darin 2 Minuten kochen, danach auf ein Sieb gießen (Kochsud auffangen) und abtropfen lassen.
2. Brennesselblätter fein hacken. Zwiebel und Knoblauchzehe schälen und fein hacken. Die Butter in einem Topf erhitzen, Zwiebeln und Knoblauch darin leicht anbraten.
3. Das Mehl darüberstreuen und kurz mitrösten. Mit der Kochbrühe und der Gemüsebrühe aufgießen. Die gehackten Brennesseln zufügen. Die Suppe 10 Minuten kochen lassen. Mit Muskat und Salz würzen, mit der Sahne verfeinern.

Füher gab es in Reit im Winkl noch gar keinen Gemüseladen. Die Großmutter mußte, wenn sie das erste Frühlingsgemüse auf den Tisch bringen wollte, am Gartenzaun junge Brennesseltriebe ernten und zubereiten. Heute achten wir darauf, daß die Brennesseln an einem Platz geerntet sind, wo sie nicht von Schadstoffen wie Autoabgasen vergiftet werden.
Die feine Suppe schmeckt nicht nur, sie paßt auch gut zu einer blutreinigenden Frühjahrskur, denn Brennesseln enthalten Vitamine, Gerb- und Mineralstoffe.

Pilzsuppe mit kleinen Knödeln

500 g frische Wildpilze (zum Beispiel Steinpilze, Pfifferlinge, Waldchampignons)
1 große Zwiebel
1 Bund Petersilie
3 EL Butter
2 EL Mehl
Salz
weißer Pfeffer aus der Mühle
1 l Gemüse oder Fleischbrühe (aus Würfeln)
75 g Sahne

1. Die Pilze putzen, kurz unter fließendem Wasser waschen und feinblättrig schneiden. Zwiebel schälen und ebenso wie die gewaschene Petersilie fein hacken.
2. Die Butter in einem Topf erhitzen, Zwiebeln darin glasig werden lassen. Petersilie und Pilzscheiben zufügen und so lange braten, bis die austretende Pilzflüssigkeit vollständig eingekocht ist.
3. Das Mehl über die Pilze stäuben und unter Rühren leicht anrösten. Salzen und pfeffern und unter Rühren mit der Brühe ablöschen. Die Suppe 20 Minuten bei schwacher Hitze kochen lassen. Die Suppe mit der Sahne verfeinern.

Kleine Knödel für die Suppe

2 Semmeln vom Vortag
100 ml Milch
1 Ei
1 kleine Zwiebel
1 TL Butter
1 EL feingehackte Petersilie
Salz

1. Die Semmeln in kleine Würfel schneiden, Milch und Ei verquirlen und darübergießen. Einige Minuten durchziehen lassen.
2. Zwiebel schälen und fein hacken. Die Butter erhitzen, Zwiebel und Petersilie darin leicht anbraten. Beides zum Knödelteig geben und diesen gut durcharbeiten.
3. Aus dem Teig nicht zu kleine Knödel formen und sie in kochendem Salzwasser 15 Minuten mehr ziehen als kochen lassen. Knödel mit einem Schaumlöffel herausheben, abtropfen lassen und in der Pilzsuppe servieren.

Gsegn uns Gott die Suppen
vor Fliagn und vor Muckn
und vor dem Stiegelitz,
daß uns koana in d' Suppn sitzt.

◄o►

Roggenknödelsuppe

250 g Roggenmehl
500 g Weizenmehl
80 g Hefe
1/2 l warmes Wasser
1 EL Zucker
3 Prisen Salz
4 Eier
Fett zum Ausbacken
heiße Fleisch- oder Gemüsebrühe
2 EL feingehackte Petersilie
2 EL Schnittlauchröllchen

1. Roggen- und Weizenmehl in einer großen Schüssel vermischen. In der Mitte eine Vertiefung machen und darin mit der Hefe, etwas warmem Wasser und Zucker ein Dampferl (Vorteig) ansetzen. Zugedeckt 15 Minuten gehen lassen.
2. Restliches lauwarmes Wasser zugeben, Salz und Eier unterrühren und den Teig so lange schlagen, bis er Blasen wirft. Zugedeckt gehen lassen; er sollte sich fast verdoppeln.
3. Reichlich Backfett erhitzen, mit zwei Teelöffeln vom Teig Nocken abstechen und diese auf beiden Seiten goldgelb backen. Die fertigen Nocken herausheben und auf Küchenpapier legen, um sie zu entfetten.
4. Die Nocken in Scheibchen schneiden oder in Stücke brechen und diese in die heiße Brühe geben. Mit frischen Kräutern bestreuen.

Übrigens mußten die goldgelben Nocken möglichst viele Spitzen haben, die bei uns in Reit im Winkl „Zurken" heißen. Natürlich ist dies kein Rezept für 4 Personen, sondern die Roggenknödel reichen gewiß für eine größere Gesellschaft.

Preßknödelsuppe

4 Semmeln
3 gekochte Kartoffeln
3 Eier
1/8 l Milch
1 kleine Zwiebel
1 Bund Petersilie
20 g Butter
2 EL Mehl
Salz
1 TL Kümmel
100 g geriebener Bergkäse oder Käse nach Tilsiter Art
50 g Butterschmalz
1 l Fleischbrühe
2 EL Schnittlauchröllchen

1. Die Semmeln in Würfel schneiden, die gekochten Kartoffeln fein zerdrücken; beides in eine Schüssel geben.

2. Eier und Milch verrühren und über die Semmeln gießen. Umrühren und die Semmeln aufweichen lassen.

3. Die Zwiebel schälen, Petersilie waschen, beides fein hacken. Die Butter in einer Pfanne erhitzen, Zwiebeln und Petersilie darin leicht anbraten. Beides zur Knödelmasse geben. Ebenso Mehl, Salz, Kümmel und geriebenen Käse untermischen. Je nachdem, ob die Masse zu fest oder zu flüssig ist, noch etwas Milch oder Paniermehl dazugeben.

4. Butterschmalz in einer großen Pfanne erhitzen. Aus dem Teig mittelgroße Knödel formen und zwischen den Handflächen flach pressen. Ins heiße Fett geben und auf beiden Seiten knusprig braun backen.

5. Die Brühe erhitzen und auf Tellern verteilen. In jeden Teller einen oder zwei Preßknödel geben. Mit Schnittlauch bestreuen.

Tip
Sie können die Preßknödel noch gehaltvoller und würziger machen, wenn Sie 150 g geräucherten Speck in kleine Würfel schneiden, diese mit den Zwiebeln anbraten und unter die Knödelmasse mischen.
Im benachbarten Tirol essen die Leute die Preßknödel auch gern mit einer Brennsuppe oder als Hauptgericht mit einer Portion Salat.

Brotsuppe mit Sauerrahm

1 Zwiebel
2 Kartoffeln
1 EL Butter
1 EL edelsüßes Paprikapulver
1 l Fleisch- oder Knochenbrühe
4 EL Distelöl
4 Scheiben Graubrot
Salz
Pfeffer
3 EL saure Sahne

1. Zwiebel und Kartoffeln schälen, die Zwiebel fein hacken, die Kartoffeln reiben.
2. Die Butter in einem Topf erhitzen, Zwiebeln darin glasig werden lassen. Paprikapulver und geriebene Kartoffeln zugeben, umrühren und die Brühe angießen. Etwa 30 Minuten kochen lassen.
3. Das Öl in einer Pfanne erhitzen, die Brotscheiben darin rösten und anschließend in mundgerechte Stücke schneiden.
4. Die Suppe mit Salz und Pfeffer abschmecken. Die gerösteten Brotstücke hineingeben, die Suppe noch einmal aufkochen. Zum Schluß die saure Sahne einrühren.

Kalte Weinsuppe

3/4 l kräftige Rindfleischbrühe
1/4 l halbtrockener Weißwein
weißer Pfeffer aus der Mühle
einige Tropfen Worcestersauce
4 Käsestangen (aus Blätterteig)
2 EL geriebener Emmentalerkäse

1. Die sehr kalte Brühe vollständig entfetten und mit dem Wein verrühren. Mit Pfeffer und Worcestersauce abschmecken. Auf 4 Suppentassen verteilen.
2. Die Käsestangen in Stücke schneiden und auf die Tassen verteilen. Die Suppe mit geriebenem Käse bestreut anrichten.

Kalte Tomatensuppe

1 kg Tomaten
1 Zwiebel
1/2 l Wasser
Salz
schwarzer Pfeffer aus der Mühle
1 Prise Zucker
200 g Joghurt
1/8 l weißer, halbtrockener Wermut
6 EL Sahne
2 EL Schnittlauchröllchen

1. Die Tomaten waschen und vierteln; die Stielansätze ausschneiden. Zwiebel schälen und ebenfalls vierteln. Das Wasser zum Kochen bringen. Tomaten und Zwiebeln ins kochende Wasser geben. 10 bis 15 Minuten kochen lassen.
2. Die Tomaten und Zwiebeln durch ein Sieb passieren, gut ausdrücken. Brühe mit Salz, Pfeffer und Zucker abschmecken und abkühlen lassen. Joghurt und Wermut gut verrühren und in die kalte Tomatensuppe mischen. Im Kühlschrank eiskalt werden lassen.
3. Die Sahne sehr steif schlagen. Tomatensuppe auf Tellern verteilen, auf jeden Teller einen Sahneklecks setzen. Schnittlauch auf die Suppe streuen.

◄○►

Wer lang Supp' ißt,
lebt lang.

◄○►

Kalte Gurkensuppe

5 Schalotten
1 Knoblauchzehe, Salz
200 ml trockener Weißwein
1/2 l Milch
1/4 l Sahnejoghurt
500 g kleine Gurken
Schale und Saft von 1/2 Zitrone (unbehandelt)
weißer Pfeffer aus der Mühle
1 TL Zucker oder Honig
1 Bund Dill

1. Schalotten und Knoblauchzehe schälen, Schalotten reiben, Knoblauch durch die Presse drücken. Beides in einem Schüsselchen mischen und leicht ansalzen.
2. Weißwein, Milch und Sahnejoghurt in einer Schüssel aufschlagen, die Schalotten-Knoblauch-Paste unterrühren.
3. Die Gurken waschen, eine davon in dünne Scheiben hobeln, die übrigen raspeln. Gurkenraspel in die Suppe rühren. Abgeriebene Zitronenschale und -saft zugeben, mit Pfeffer, Salz und Zucker würzig abschmecken.
4. Den Dill waschen, trockentupfen und fein schneiden. Die Suppe anrichten, die gehobelten Gurkenscheiben darauflegen und den Dill darüberstreuen. Gut gekühlt an heißen Sommertagen servieren.

Sächsische Hagebuttensuppe

300 g frische Hagebutten
Salz
75 g Butter
2-3 EL Mehl
1 EL Zucker
2 Semmeln

1. Stiele und Blütenansätze der Hagebutten entfernen, die Früchte entkernen, gründlich waschen und mit 1 l schwach gesalzenem Wasser zum Kochen bringen. Hagebutten etwa 25 Minuten kochen und anschließend durch ein Sieb in einen Topf streichen.
2. 50 g Butter zerlassen, das Mehl darin unter Rühren goldbraun werden lassen und mit wenig Wasser glattrühren. Die Mehlschwitze zur Hagebuttenbrühe geben und diese einige Minuten kochen lassen. Mit Salz und Zucker abschmecken.
3. Die Semmeln in kleine Würfel schneiden, diese in der restlichen Butter knusprig anrösten. Heiße Suppe auf Tassen verteilen und die gerösteten Brotwürfel extra dazu reichen.

Tip
Besonders gut schmeckt diese Suppe, wenn Sie sie zum Schluß noch mit etwas Rotwein verfeinern.

Dresdner Holundersuppe

500 g Holunderbeeren
1/2 Zimtstange
3 Gewürznelken
Schale von 1/2 Zitrone (unbehandelt)
Salz
1 EL Stärkemehl
2 EL Zucker
1 Eigelb
50 ml Milch oder Sahne
4 Zwiebäcke

1. Die Holunderbeeren waschen und von den Stielen zupfen. Mit 1 l Wasser zum Kochen bringen. Zimtstange, Nelken, Zitronenschale und 1 Prise Salz zufügen. Die Beeren 20 Minuten kochen lassen.
2. Die Beeren samt der Kochbrühe durch ein Sieb gießen und gut auspressen. Den Saft aufkochen. Stärkemehl mit etwas kaltem Wasser anrühren und in den Saft gießen, einige Minuten mitkochen lassen, Zucker zugeben.
3. Den Topf vom Herd nehmen. Das Eigelb verquirlen und mit etwas von der heißen Suppe verrühren, anschließend unter die Suppe mischen. Diese mit Milch oder Sahne verfeinern und mit Zwiebackstückchen servieren.
Statt der Zwiebäcke schmecken auch Löffelbiskuits sehr fein.

Gebundene Ochsenschwanzsuppe

1 kg Ochsenschwanz (in Stücke gehackt)
250 g mageres Rindfleisch (Keule)
2 Möhren/gelbe Rüben
1 Petersilienwurzel
1 Stange Porree/Lauch
1 Bund Petersilie
2 Lorbeerblätter
6 schwarze Pfefferkörner
3 Wacholderbeeren
2 EL Mehl
2 EL Tomatenmark
frisch gemahlener schwarzer Pfeffer aus der Mühle
1 TL edelsüßes Paprikapulver
Salz
1/4 l Rotwein
4 Scheiben Toastbrot
1 EL Butter

1. Am Vortag Ochsenschwanz und Rindfleisch waschen und, mit Wasser bedeckt, langsam zum Kochen bringen.
2. Möhren und Petersilienwurzel schälen, waschen und in Scheiben schneiden. Porree putzen, halbieren und gründlich waschen. Petersilie waschen. Gemüse, Kräuter sowie Lorbeerblätter, Pfefferkörner und Wacholderbeeren zum Fleisch geben und das Ganze etwa 2 Stunden bei schwacher Hitze kochen. Über Nacht abkühlen lassen.
3. Am folgenden Tag das Fett von der abgekühlten Suppe abheben. Die Suppe durch ein Sieb gießen. 40 g von dem abgeschöpften Fett in einem Topf erhitzen. Das Mehl darin goldbraun werden lassen. Tomatenmark zufügen und die Brühe angießen. Gut durchrühren, erhitzen und mit Pfeffer, Paprika und Salz würzig abschmecken. Die Suppe 20 Minuten kochen lassen.
4. Das Fleisch von den Knochen lösen und ebenso wie das gekochte Rindfleisch in kleine Würfel schneiden. Fleischwürfel in die Suppe geben, die nochmals zum Kochen gebracht wird. Zum Schluß den Rotwein zugießen.
5. Das Weißbrot in Würfel schneiden und in Butter goldbraun rösten. Die Brotwürfel separat zur Suppe reichen.

Vom vielen Fleisch wird die Suppe nicht schlechter.

Bayerische Rindssuppe

1 Zwiebel
2 Markknochen
1 3/4 l Wasser
500 g Rindfleisch (Bein-
scheiben)
100 g Rinderleber
100 g Rinderherz
2 Sandknochen
2 Möhren/gelbe Rüben
1 Petersilienwurzel
50 g Knollensellerie
1 Stange Porree
5 Petersilienstengel
3 Pimentkörner
Salz

1. Zwiebel schälen und halbieren. Zusammen mit den Markknochen in einen großen Topf
geben und bräunen lassen.
Wasser angießen. Fleisch,
Leber, Herz und Sandknochen
zugeben und das Ganze zum
Kochen bringen. Mit einem
Schaumlöffel mehrmals den
Schaum abheben.
2. Gelbe Rüben, Petersilienwurzel und Sellerie schälen,
waschen und in Stücke schneiden. Porree putzen, halbieren,
gründlich waschen und die
Hälften zusammen mit den
Wurzelgemüsen, den Petersilien-
stengeln, Pimentkörnern und
Salz ebenfall in den Suppentopf
geben. Mindestens 2 Stunden
bei schwacher Hitze kochen
lassen.
3. Die Suppe durch ein Sieb
gießen, einige Stunden oder am
besten über Nacht abkühlen lassen und auf Wunsch entfetten.

Eine solche Brühe eignet sich als
Grundlage für viele Suppen.
Noch kräftiger wird sie natürlich, wenn man von Anfang an
ein Suppenhuhn mitkocht.
Nachfolgend finden Sie ver-
schiedene Einlagen für eine
kräftige Rindssuppe.

Leberspätzle

125 g Rindsleber
1 kleine Zwiebel
1 EL Butter
2 EL Paniermehl
1 Ei
1/2 TL Majoran
Salz
1 EL feingehackte Petersilie
**etwas abgeriebene Zitronen-
schale (unbehandelt)**

1. Die Leber häuten, waschen
und in Stücke schneiden. Die
Zwiebel schälen. Beides im
Mixer pürieren.
2. Butter, Paniermehl und Ei gut
verrühren, die übrigen Zutaten
sowie die pürierte Leber untermischen.
3. Wasser oder Fleischbrühe
zum Kochen bringen und den
Leberteig durch ein Spätzlesieb
hineindrücken. Die Leberspätzle
10 Minuten bei schwacher Hitze
mehr ziehen als kochen lassen.

Tip
Sollte der Teig für die
Leberspätzle zu weich sein, kann
man noch etwas Paniermehl
hineinarbeiten. Die Suppe mit
gehackter Petersilie oder Schnittlauchröllchen verfeinern.

◄O►

„Bachene Leberknödel"
Aus Großmutters Heimat Tirol
stammt folgendes Rezept für
Leberknödel, mit dem sich aller-
dings gleich eine große Fest-
Gesellschaft verköstigen läßt.
„Man nehme 40 Semmeln,
15-20 Eier, 4 Pfund Leber (vom
Rind), Majoran, Knoblauch,
Zitronenschale, mische alles zu
einem mächtigen Teig.
Man forme nicht zu große
Knödel und backe sie in Fett
schwimmend heraus. Sie werden
in Scheiben geschnitten, in die
heiße Suppe eingelegt und
müssen 10 Minuten ziehen."
Wen solche Knödelmassen
schrecken, der kann die Zutaten
getrost durch 10 teilen und
daraus 4 Portionen Leberknödel
bereiten.
Großmutter hat uns früher oft
erzählt, daß zu Weihnachten,
wenn sie ausgefroren von der
Christmette heimkamen, eine
kräftige Fleischsuppe mit in
Scheiben geschnittenen
„bachenen Knödeln" auf dem
Tisch stand. – Oma Fischer hatte
übrigens in ihrem Tiroler Rezept-
schatz auch noch „Bachene
Knödel" aus Weizenmehl,
Roggenmehl, Eiern und Hefe.

◄O►

Außerdem backt man aus einem Teig, der mit 170 g Mehl, 3 Eiern, etwas Milch und Salz bereitet wird, dünne Pfannkuchen, die dann in Streifen geschnitten werden.
Gebackene Semmelnockerl bereitet man aus 80 g Butter, 4 Eiern, 170 g Paniermehl, Salz und Muskat. Alle Zutaten werden zu einem Teig verrührt. Sodann erhitzt man Öl oder Schmalz, sticht mit einem Teelöffel kleine Nocken ab und backt sie im heißen Fett aus.
Für grüne Semmelknödel braucht man 80 g Butter, 4 Eier, 170 g Paniermehl, Salz, Muskat und feingehackte Petersilie. Alle Zutaten werden zu einem Teig gemischt. Dann bringt man Wasser zum Kochen, sticht mit einem Teelöffel kleine Nocken vom Teig ab und legt sie ins kochende Wasser ein. Sie müssen 10 Minuten ziehen, bevor man sie mit einem Schaumlöffel heraushebt.
Darüberhinaus kann man auch noch Backerbsen und ganz feine Nudeln in die Hochzeitsuppe einkochen.

Oberbayerische Hochzeitssuppe

Die Rindsuppe wird nach dem Rezept von Seite 33 zubereitet; die Brühe reichert man noch durch ein großes Suppenhuhn an. Die Fleisch-, Gemüse- und Gewürzmenge richtet sich nach der Größe der Hochzeitsgesellschaft. Das Wichtigste bei der Hochzeitsuppe sind vielerlei Einlagen.
Da gibt es zum Beispiel Milzschnitten und Leberknödel, die aus dem Teig bereitet werden, wie er auf Seite 33 für die Leberspätzle beschrieben ist.

Was nutzt a schöne Schüssel, wo nix drin is?

Reit im Winkler Wilderersuppe

200 g gebeiztes Wildbret (aus einer Rotweinbeize), Salz
2 EL Sonnenblumenöl
1 große Zwiebel
1 Stange Porree/Lauch
100 g Sellerieknolle
1 Möhre/gelbe Rübe
1 TL edelsüßes Paprikapulver
1 Tasse fertige Bratensauce
1 Glas dunkler Rotwein
1 l Wasser oder leichte Fleischbrühe
2 Tomaten
2 Paprikaschoten
100 g Steinpilze oder Pfifferlinge
1 cl Kirschlikör
3 EL feingehackte Petersilie

1. Das Wild in kleine, gleichgroße Würfel schneiden, leicht salzen und im erhitzten Öl scharf anbraten.

2. Zwiebel schälen und fein hacken. Den Porree putzen, halbieren, gründlich waschen und in 1 cm breite Stücke schneiden. Sellerie und Möhren schälen, waschen und in Scheiben schneiden. Alle Gemüse zum Fleisch geben und mitbraten. Paprikapulver zufügen, Bratensauce, Rotwein und Wasser oder Brühe angießen. Die Suppe etwa 40 Minuten kochen lassen.

3. Tomaten einritzen, mit kochendem Wasser übergießen, die Haut abziehen. Die Früchte halbieren, entkernen und die Stielansätze entfernen. Tomatenhälften in Stücke schneiden. Paprikaschoten waschen, halbieren, Stielansätze, Kerne und Scheidewände entfernen und die Hälften in dünne Streifen schneiden. Die Pilze putzen, waschen und in Scheiben schneiden.

4. Tomaten, Paprika und Pilze in die Suppe geben und diese weitere 20 Minuten kochen lassen. Das Fleisch muß gut weich sein. Die Suppe würzig abschmecken und dann mit Kirschlikör und gehackter Petersilie verfeinern.

Ein Verwandter mütterlicherseits, der Schneiderhäusl Thomas nämlich, wurde als 22jähriger beim Wildern erwischt und hinterrücks von einem Jäger erschossen. Zur Beerdigung erschienen vermummte Wilderer aus der ganzen Umgebung und schossen am Grab Ehrensalut für den toten Kameraden. Danach verschwanden sie genauso schnell, wie sie gekommen waren.

Noch vor 20 Jahren haben Unbekannte zum 50. Todestag des Wildschützen eine Gamsdecke über sein Grabkreuz auf dem Reit im Winkler Friedhof gehängt.

Graupensuppe

1 1/2 l Rindfleischsuppe (aus
500 g Rindfleisch oder
Brühwürfel)
250 g Graupen
1 Zwiebel
1 Stange Porree/Lauch
2 Möhren/gelbe Rüben
50 g Sellerieknolle
6 kleine Kartoffeln
1 Lorbeerblatt
Salz
1 Bund Petersilie

1. Die Fleischsuppe zum Kochen
bringen, die gewaschenen und
abgetropften Graupen
einrühren, etwa 45 Minuten
kochen.
2. Zwiebel schälen und feinhacken. Porree putzen, der
Länge nach halbieren, gründlich
waschen und in feine Streifen
schneiden. Möhren und Sellerie
schälen und in Scheiben schneiden. Kartoffeln schälen und
würfeln.
3. Alle Gemüse, Kartoffeln und
Lorbeerblatt in die Suppe geben
und diese noch eine halbe
Stunde mitkochen.
4. Graupensuppe mit Salz würzen. Petersilie fein hacken und
über die Suppe streuen.

Das Rezept zu dieser kräftigen
Wintersuppe stammt von Mutter
Mauritz aus Danzig. Wenn die
Suppe einige Stunden steht,
dickt sie ein, und wir genießen
sie dann am nächsten Tag als
Eintopf. – Bei uns in Bayern
kommt übrigens ein Schuß Essig
in die Graupensuppe.

Käsesuppe

1 1/4 l Gemüsebrühe (aus
Brühwürfeln)
2 EL Butter
2 EL Weizenmehl
200 g geriebener Hartkäse
(z.B. Gouda oder Emmentaler)
4 EL Sahne
4 EL Weißwein
abgeriebene Muskatnuß
Salz
weißer Pfeffer aus der Mühle
1 Eigelb
4 Scheiben Toastbrot
3 EL Schnittlauchröllchen

1. Die Gemüsebrühe erhitzen.
Die Butter in einem Topf schmelzen, das Mehl hineinrühren und
etwas Farbe nehmen lassen. Die
erhitzte Brühe nach und nach
unter Rühren angießen.
2. 150 g vom geriebenen Käse
sowie Sahne und Weißwein
in die Suppe geben und diese
8-10 Minuten kochen lassen.
Zwischendurch mehrmals mit
dem Schneebesen durchrühren.
Mit Muskat, Salz und Pfeffer
abschmecken.
3. Die Suppe vom Herd nehmen
und das Eigelb hineinrühren.
4. Die Toastbrotscheiben mit
dem restlichen Käse bestreuen
und kurz unter den Grill legen,
bis der Käse zu schmelzen beginnt.
5. Die Suppe auf 4 Teller verteilen, auf jeden ein überbackenes
Käsebrot legen und die Schnittlauchröllchen darüberstreuen.

Grießsuppe

1 Zwiebel
2 Möhren
50 g Sellerieknolle
1 Stange Porree/Lauch
2 EL Butter
50 g Weizengrieß
1 1/4 l Wasser
6 schwarze Pfefferkörner
6 Pimentkörner, Salz
1 Lorbeerblatt
2 EL saure Sahne
1 Ei

1. Zwiebel, Möhren und Sellerie
schälen. Zwiebel fein hacken,
Möhren und Sellerie in kleine
Würfel schneiden. Porree putzen, der Länge nach halbieren,
gründlich unter fließendem
Wasser waschen und
kleinschneiden.
2. Butter in einem Topf erhitzen,
den Weizengrieß darin unter
Rühren goldgelb anrösten.
Nach und nach das Wasser
angießen, sämtliche Gemüse in
die Suppe geben und diese
zum Kochen bringen.
3. Pfeffer- und Pimentkörner
zerstoßen und zusammen mit
Salz und Lorbeerblatt ebenfalls
zufügen. Die Suppe 30 Minuten
bei schwacher Hitze mehr ziehen als kochen lassen.
4. Grießsuppe mit Salz (oder
nach Geschmack mit Suppen-
würze) abschmecken. Die saure
Sahne einrühren.
5. Das Ei aufschlagen, verquirlen und ebenfalls in die Suppe
gießen. Nochmals aufkochen
lassen, damit das Ei „Fäden
spinnt".

Sauerkrautsuppe

2-3 Zwiebeln
2 Knoblauchzehen
3 EL Sonnenblumenöl
500 g Hackfleisch vom Rind
250 g Sauerkraut
4 EL Tomatenmark
2 Essiggurken
Salz
1 1/4 l Fleischbrühe

1. Zwiebeln und Knoblauchzehen schälen, Zwiebeln fein hacken. Das Öl in einem Topf erhitzen, die Zwiebeln darin glasig werden lassen. Die Knoblauchzehen zu den Zwiebeln pressen.
2. Das Hackfleisch zugeben und unter Rühren leicht anrösten. Das Sauerkraut kurzschneiden, zum Hackfleisch geben und mitbraten.
3. Tomatenmark und kleingeschnittene Essiggurken zugeben. Mit Salz würzen. Die Fleischbrühe angießen und das Ganze so lange kochen, bis das Sauerkraut gar ist, aber noch Biß hat.

Der Pfiff dieses Rezeptes aber ist eine Paste aus 5 Zutaten (1 Eigelb, 1 TL mittelscharfer Senf, 2 EL Mayonnaise, 2-3 geschälte und gepreßte Knoblauchzehen, 2-3 EL Schnittlauch), von der sich jeder einen Klecks auf die Suppe setzen kann.

In den 50er Jahren ging ich mit Max Greger auf Rußlandtournee. Um mich vorzubereiten, lernte ich bei einer aus Sankt Petersburg stammenden Dame, die in Marquartstein, nicht weit von Reit im Winkl, lebte, nicht nur Russisch, sondern auch ein Gericht kennen, das ich seither in mein Repertoire aufgenommen habe: die oben beschriebene Sauerkrautsuppe eben, die ihren Ursprung in Rußland hat.

Erzgebirgischer Linsentopf

250 g Linsen
1 1/2 l Fleischbrühe
75 g süßsauer eingelegte Gurken
einige Spritzer Essig
Salz
schwarzer Pfeffer aus der Mühle
50 g Räucherspeck
2 Zwiebeln
3 mittelgroße Kartoffeln
1 EL Schmalz oder Margarine
2 EL Mehl
4 Bratwürste
etwas Bratfett
1 Bund Petersilie

1. Die Linsen verlesen, auf einem Sieb gründlich waschen und dann etwa 1 Stunde in lauwarmem Wasser quellen lassen. Danach das Wasser abgießen.
2. Die Fleischbrühe mit den Linsen erhitzen. Die Gurken in kleine Würfel schneiden. Gurkenwürfel, Essig, Salz und Pfeffer zu den Linsen geben und diese bei schwacher Hitze in etwa 90 Minuten weich kochen.
3. Inzwischen den Räucherspeck in Würfel schneiden. Die Zwiebeln schälen und fein hacken. Die Speckwürfel in einer Pfanne auslassen, die gehackten Zwiebeln zugeben und im Speckfett glasig werden lassen. Den Speck und die Zwiebeln in den Suppentopf geben und mitkochen.
4. Die Kartoffeln schälen, in kleine Stücke schneiden und in wenig Wasser halbgar kochen. Abgießen und kurz vor Ende der Garzeit unter das Linsengericht mischen.
5. Das Schmalz erhitzen, das Mehl darin unter Rühren braun werden lassen. Die Mehlschwitze in die Suppe rühren.
6. Die Bratwürste mehrmals einschneiden und im heißen Bratfett rundherum schön braun braten.
7. Die Petersilie waschen und feinhacken. Die heißen Bratwürste auf den Linsentopf geben und die Petersilie darüberstreuen.

Ist die Suppe angebrannt, wirf den Löffel aus der Hand!

Räucherfischsuppe

2 l Fischbrühe aus Räucherfischen
500 g Tomaten
500 g Kartoffeln
100 g Hirse
100 g rote Linsen
Salz
weißer Pfeffer aus der Mühle
1 EL Thymianblättchen
500 g Räucherfisch (z.B. Forelle oder Makrele) ohne Haut und Gräten
2 EL saure Sahne oder Crème fraîche
1 EL Basilikumblätter

1. Die Fischbrühe in einem großen Topf zum Kochen bringen. Die Tomaten einritzen, mit kochendem Wasser übergießen, die Haut abziehen. Früchte halbieren, entkernen und die Stielansätze entfernen; die

Hälften in kleine Stücke schneiden.

2. Kartoffeln schälen und in Scheiben schneiden. Hirse und Linsen auf einem Sieb unter fließendem Wasser gründlich waschen und abtropfen lassen. Tomaten, Kartoffeln, Hirse und Linsen in die kochende Fischbrühe geben und etwa 20 Minuten kochen lassen. Die Suppe mit Salz und Pfeffer abschmecken. Thymianblättchen zugeben.

3. Den Räucherfisch in kleine Stücke zupfen und auf 4 Tellern verteilen. Die heiße Suppe darübergießen. Auf jeden Teller einen Klecks saure Sahne oder Crème fraîche geben. Mit gehackten Basilikumblättchen bestreuen.

Die angegebenen Zutaten reichen für 6-8 Portionen. Die Fischbrühe können Sie selbst bereiten, wenn Sie sich beim Fischhändler ca. 1,5 kg Räucherfischkarkassen geben lassen und diese mit Zwiebeln, Porree, Sellerie, Petersilienwurzeln, Lorbeerblatt, Pfefferkörnern, Wasser und Wein 1 Stunde bei schwacher Hitze kochen lassen. Danach wird das Ganze auf ein feines Sieb gegossen und die Brühe verwendet. Sie läßt sich auch in größerer Menge auf Vorrat zubereiten und dann einfrieren.

Moritzburger Karpfensuppe

800 g Karpfen
1 1/2 l Wasser
1 Bund Suppengrün
1 Lorbeerblatt
3 Pimentkörner
Salz
weißer Pfeffer aus der Mühle
3 Möhren/gelbe Rüben
100 g Knollensellerie
2 große Zwiebeln
2 EL Margarine
3 EL Tomatenmark
abgeriebene Schale von
1/2 Zitrone (unbehandelt)
1 Bund Petersilie

1. Den Karpfen waschen, trockentupfen und filetieren. Gräten, Kopf und Flossen im Wasser langsam zum Kochen bringen.

2. Das Suppengrün putzen, waschen und kleinschneiden. Zusammen mit dem Lorbeerblatt, den zerdrückten Pimentkörnern, Salz und Pfeffer in die Brühe geben und diese etwa 1 Stunde bei schwacher Hitze kochen lassen. Danach die Suppe durch ein feines Sieb oder ein Tuch gießen.

3. Möhren, Sellerie und Zwiebeln schälen. Möhren und Sellerie in feine Streifen schneiden, die Zwiebeln fein hacken. Die Margarine in einem größeren Topf erhitzen, die Gemüse darin unter Rühren anrösten.

4. Das Tomatenmark zugeben. Die Fischbrühe angießen und die Suppe zum Kochen bringen. Etwas abgeriebene Zitronenschale zugeben. Die Karpfenfilets in Portionsstreifen schneiden und in der Fischsuppe in 5-7 Minuten garen.

5. Die abgeriebene Zitronenhälfte in Scheiben schneiden. Petersilie waschen und fein hacken.

6. Die Fischsuppe auf 4 Tellern anrichten, auf jeden eine Zitronenscheibe und darauf etwas von der feingehackten Petersilie geben.

Bayerischer Schweinsbraten

1 1/2 kg Schweinefleisch mit
Schwarte (Schulter oder Hals)
weißer Pfeffer aus der Mühle
Salz
1 EL Schmalz
1 Bund Suppengrün
(Porree/Lauch, Möhren/gelbe
Rüben, Sellerie)
1/2 TL Majoran, 1 TL Kümmel
1 Tasse Wasser oder Brühe
1 Handvoll Brotrinde von
dunklem Brot
dunkles Bier zum Bepinseln

1. Das Fleisch waschen,
trockentupfen und die Schwarte
rautenförmig einschneiden. Mit
Pfeffer und Salz fest einreiben.
Das Schmalz in einem eisernen
Schmortopf erhitzen und das
Fleisch darin rundherum anbraten.
2. Das Suppengrün putzen, waschen und kleinschneiden. Zusammen mit Majoran und Kümmel sowie einer Tasse Wasser
oder Brühe zum Braten geben.
Auch die Brotrinden zufügen.
Den Topf in den vorgeheizten
Backofen (200°C) stellen.
3. Nach 30 Minuten den Braten wenden, Temperatur auf
190°C zurückschalten. Das
Fleisch mehrmals mit dem Bratensaft beschöpfen.
4. Nach etwa 1 1/2 Stunden
den Braten mit der Schwarte
nach oben legen und in den
letzten 30 Minuten der Bratzeit
die Schwarte mehrmals mit Bier
bepinseln, damit sich eine
schöne Kruste bildet.

5. Den Braten herausnehmen
und zugedeckt heiß halten. Die
Bratflüssigkeit durch ein Sieb
gießen, abschmecken und zusammen mit dem knusprigen
Schweinsbraten servieren.

Der Braten reicht für 6-8 Personen. Dazu gibt es Semmelknödel, wie sie auf Seite 99
beschrieben sind.

Fränkische Schweinshaxe

1 Schweinshaxe (ca. 1 kg)
500 g Sauerkraut
6 Wacholderbeeren
1 Lorbeerblatt
1 Zwiebel
5 Gewürznelken
2 kleine säuerliche Äpfel
Salz
Pfeffer
50 g Schweineschmalz

1. Die Schweinshaxe waschen
und trockentupfen. Das Sauerkraut mit Wacholderbeeren,
Lorbeerblatt und soviel Wasser
in einen großen Topf geben,
daß es bis zu drei Vierteln der
Krauthöhe reicht.
2. Die Zwiebel schälen und mit
den Gewürznelken spicken.
Äpfel schälen, Kerngehäuse
entfernen, die Äpfel in Scheiben
schneiden. Zwiebel und Äpfel
unter das Sauerkraut mischen.
Mit Salz und Pfeffer würzen.
3. Die Schweinshaxe ganz in
das Sauerkraut betten und darin
etwa anderthalb Stunden zugedeckt kochen. Die Haxe aus dem

Sauerkraut nehmen, gut abtropfen lassen und trockentupfen.
4. Das Schmalz in einer Pfanne
erhitzen und das Fleisch darin
rundherum braun braten. Nach
Geschmack noch etwas würzen.
5. Die gespickte Zwiebel und
das Lorbeerblatt aus dem Sauerkraut nehmen. Sauerkraut abschmecken und auf einer
großen Platte anrichten. Die
Schweinshaxe darauflegen und
das Ganze mit Kartoffelklößen
(Seite 96) servieren.

Bierhaxe

1 Schweinshaxe (ca. 1 kg)
Salz
schwarzer Pfeffer aus der Mühle
2 TL Kümmel
6 Wacholderbeeren
1 Knoblauchzehe
1 Tasse Wasser oder Brühe
1/2 l dunkles Bier

1. Die Haxe waschen, trockentupfen, die Schwarte rautenförmig einschneiden. Die Gewürze
mischen und hacken. Knob-
lauchzehe schälen. Das Fleisch
zuerst mit der Knoblauchzehe
abreiben, dann die Gewürz-
mischung fest hineinarbeiten.
Zugedeckt 1 Stunde einwirken
lassen.
2. Die Haxe auf die Fettpfanne
des Backofens legen, mit dem
kochenden Wasser oder der
Brühe begießen und sie im vorgeheizten Backofen (180°C)
2 Stunden braten. Zwischendurch immer wieder mit Bier
begießen.

3. Zum Schluß die Garprobe machen. Haxe aus dem Sud nehmen, zugedeckt etwas ruhen lassen und dann das Fleisch vom Knochen schneiden.
4. Für die Sauce den Bratensatz loskochen und würzig abschmecken.

Zur Haxe und der guten Sauce werden am liebsten Knödel gegessen.

Augsburger Kräuterfleisch

200 g Schweinefleisch
200 g Rinderrücken
40 g Butterschmalz
Salz
weißer Pfeffer aus der Mühle
4 hartgekochte Eier
2 TL Senf
4 EL Sonnenblumenöl
2 EL Rotweinessig
1 EL Zitronensaft
2 Bund Petersilie
1 Bund Dill
1 Bund Kerbel
1 Bund Schnittlauch
1 Tomate

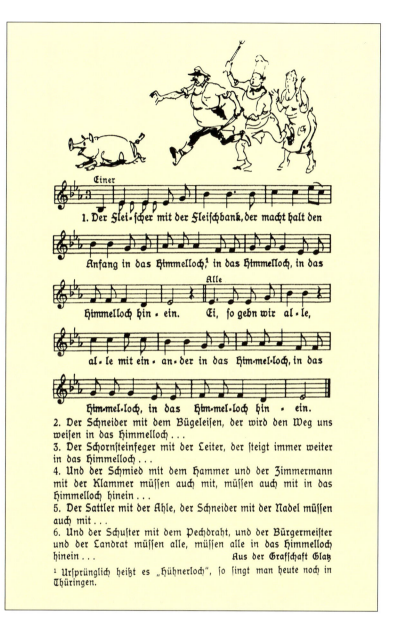

1. Das Fleisch in sehr dünne (2-3 mm) Scheiben schneiden. Butterschmalz in einer schweren Pfanne erhitzen, die Fleischscheiben darin auf jeder Seite 1-2 Minuten braten. Mit Salz und Pfeffer würzen. Aus der Pfanne nehmen und auf Küchenpapier abtropfen lassen.
2. Die Eier schälen, fein hacken, mit Senf, Öl, Essig und Zitronensaft verrühren. Sämtliche Kräuter waschen, Petersilie, Dill und Kerbel fein hacken, das Schnittlauch in Röllchen schneiden. Die Kräuter in die Eiermarinade geben. Die abgekühlten Fleischscheibchen in die Marinade legen und mehrmals wenden.
3. Die Tomate einritzen, mit kochendem Wasser übergießen und die Haut abziehen. Stielansatz und Kerne entfernen, die Tomate in sehr kleine Stücke schneiden.
4. Die Fleischscheiben mit der Kräutermarinade auf einer Platte anrichten und mit den Tomatenstückchen sowie kleinen Kräutersträußchen garnieren.

Bauernbratl Tante Wally

1 kg Schweinefleisch (Schulter oder Karree)
Salz
schwarzer Pfeffer aus der Mühle
1 TL Kümmel, 1 Knoblauchzehe
2 Bund Suppengrün
2 Zwiebeln
30 g Schweineschmalz
ca. 1/2 l heißes Wasser
500 g Kartoffeln

1. Das Fleisch waschen und trockentupfen, die Schwarte kreuz und quer einschneiden, den Braten mit einer Mischung aus Salz, Pfeffer, Kümmel sowie der geschälten und feingehackten Knoblauchzehe einreiben.
2. Das Suppengrün putzen, waschen und trockentupfen. Die Zwiebeln schälen und achteln. Das Schmalz in einer Bratreine erhitzen, das Suppengrün hineingeben und den Braten darauflegen. Die Reine für etwa 2 Stunden in den vorgeheizten Backofen (220°C) stellen.
3. Nach 30 Minuten Bratzeit die Temperatur auf 170°C zurückschalten. Etwas von dem heißen Wasser angießen, die Zwiebelachtel zugeben und mitbraten. Nach und nach das gesamte heiße Wasser angießen und den Braten immer wieder mit dem Bratensaft begießen.
4. Die Kartoffeln schälen und in Schnitze schneiden. Eine halbe Stunde vor Ende der Garzeit zum Braten geben.
5. Nach Ende der Bratzeit das Fleisch herausnehmen und mit der Schwarte nach oben auf den Rost legen, bis die Schwarte knusprig braun ist.
6. Die Bratensauce erhitzen und mit einem kräftigen Spritzer Essig abschmecken; nach Bedarf noch etwas Wasser oder Brühe angießen.

Zum Bauernbratl werden die mitgebratenen Kartoffeln gegessen.

Thüringer Rostbrätl

800 g Schweinefleisch (vom Nacken oder Kamm)
1 Knoblauchzehe, Salz
weißer Pfeffer aus der Mühle
2 TL Senf
300 g Zwiebeln
6 EL Distelöl
1 Flasche Malzbier

1. Das Schweinefleisch in Scheiben schneiden und leicht klopfen. Die Knoblauchzehe schälen, zerdrücken und das Fleisch damit einreiben. Die Scheiben mit Salz und Pfeffer würzen. Auf beiden Seiten mit Senf bestreichen.
2. Die Zwiebeln schälen und in feine Ringe schneiden. Mit 2 Eßlöffel Öl und dem Bier zu einer Marinade verrühren. Die Fleischscheiben hineinlegen. Einige Stunden zugedeckt kühl stellen.
3. Die Fleischscheiben aus der Marinade nehmen und trockentupfen. Die Zwiebeln herausnehmen und gut abtropfen lassen. 2 Eßlöffel Öl erhitzen und die Fleischscheiben darin braten, bis das Fleisch gar ist.
4. Das restliche Öl erhitzen und die Zwiebeln darin goldgelb rösten. Die saftigen Fleischscheiben mit den Zwiebeln anrichten.

Rindfleisch Burgunder Art

1 kg mageres Rindfleisch
4 EL Öl
2 große Zwiebeln
1 Bund Suppengrün
1 Flasche (0,7 l) trockener roter Burgunder
2 Lorbeerblätter
schwarzer Pfeffer aus der Mühle
Salz
1 Zweig Thymian
1 Prise Zucker
1 Bund Petersilie
1 cl Cognac

1. Das Fleisch waschen, trockentupfen und in Streifen oder Stücke schneiden. Das Öl in einem Schmortopf erhitzen, das Fleisch darin von allen Seiten anbraten.
2. Zwiebeln schälen und in Ringe schneiden, Suppengrün putzen, waschen und kleinschneiden. Beides zum Fleisch geben und kurz mitbraten. Dann den Rotwein angießen. Lorbeerblätter, Pfeffer, Salz, den gewaschenen Thymianzweig sowie Zucker zugeben. Das Fleisch zugedeckt 1 Stunde schmoren lassen.
3. Die Sauce abschmecken und die Flüssigkeit noch etwa 30 Minuten einkochen lassen. Petersilie waschen, trockenschwenken und fein hacken. Zusammen mit dem Cognac in die Sauce rühren.

Radeberger Braumeisterfleisch

1 kg Rinderbrust
3/4 l Wasser, Salz
1 Lorbeerblatt
1 Bund Suppengrün
4 mittelgroße Zwiebeln
50 g Butter
4 Scheiben Pumpernickel
2 EL Tomatenmark
schwarzer Pfeffer aus der Mühle
1 TL Kümmel
1/2 TL getrockneter Majoran
1/4 l Radeberger oder ein anderes Bier

1. Das Fleisch waschen und in dem Wasser zusammen mit Salz und Lorbeerblatt zum Kochen bringen. Suppengrün putzen, waschen, kleinschneiden und zum Rindfleisch geben. Das Fleisch so lange bei schwacher Hitze kochen lassen, bis es gar, aber nicht zu weich ist (Garprobe machen!).
2. Die Rinderbrust aus dem Kochsud nehmen und in dünne Scheiben schneiden. Die Brühe durchsieben. Zwiebeln schälen und in Ringe schneiden. Butter erhitzen, die Zwiebeln darin glasig werden lassen.
3. Das Fleisch zu den Zwiebeln geben und soviel von der Kochbrühe angießen, daß die Fleischscheiben fast bedeckt sind. Pumpernickel fein zerbröckeln und mit dem Tomatenmark, Pfeffer, Kümmel und Majoran zum Fleisch geben. 10-15 Minuten kochen lassen. Den Topf vom Herd nehmen und das Bier angießen.

Zum Braumeisterfleisch nach Radeberger Art schmecken am besten Kartoffelklöße oder Salzkartoffeln. Von der oben beschriebenen Fleischmenge werden 6-8 Personen satt.

Hackbraten Trudi

500 g Hackfleisch vom Rind
500 g Brat (Schweinemett)
3 Eier
3 EL Mehl
1 große Zwiebel
1 Bund Petersilie
Salz
schwarzer Pfeffer aus der Mühle
1 EL Senf
3 EL Sonnenblumenöl

1. In einer großen Schüssel Hackfleisch und Brat mit Eiern und Mehl verkneten.
2. Die Zwiebel schälen und in den Fleischteig reiben. Petersilie waschen, fein hacken und zusammen mit Salz, Pfeffer und Senf unter die Masse mischen. Aus dem Teig einen Hackbraten formen.
3. In einer Bratreine das Öl erhitzen und den Hackbraten hineinlegen. Im vorgeheizten Backofen (200°C) 30 Minuten backen. Danach zurückschalten und bei 175°C in weiteren 90 Minuten fertig garen.

Tip
Wenn der Teig nicht fest genug ist, können Sie nach Geschmack noch 2-3 Eßlöffel Paniermehl untermischen.

Rinderrouladen

4 große Rouladenscheiben (150-175 g)
2 TL mittelscharfer Senf
50 g durchwachsener Räucherspeck
2 große Zwiebeln
2 Gewürzgurken
schwarzer Pfeffer aus der Mühle
3 EL Sonnenblumenöl
2 Tomaten
1 Stange Porree/Lauch
1 Lorbeerblatt
1/2 l Fleischbrühe (aus Würfeln)
4 EL Sahne, Salz

1. Die Rouladenscheiben waschen und trockentupfen. Leicht klopfen und mit dem Senf bestreichen. Den Räucherspeck in Streifen, die Gewürzgurken in kleine Würfel schneiden. Beides auf den Rouladen verteilen.
2. Die Zwiebeln schälen und in Achtel teilen. Jeweils ein Achtel auf jede Roulade legen und mit Pfeffer würzen. Die Rouladen aufrollen, mit Küchengarn umwickeln oder mit Zahnstochern feststecken.
3. Das Öl in einem Schmortopf erhitzen, die Rouladen darin von allen Seiten schön braun anbraten.
4. Die Tomaten einritzen, mit kochendem Wasser übergießen, die Haut abziehen. Die Tomaten entkernen und in Stücke schneiden; Stielansätze dabei entfernen. Den Porree putzen, gründlich waschen und in Stücke schneiden.
5. Restliche Zwiebeln und Suppengrün im Bratfett kurz mitrösten, die Tomaten und das Lorbeerblatt zufügen. Die heiße Fleischbrühe angießen. Die Rouladen zugedeckt bei schwacher Hitze garen. Die Garzeit dauert etwa 1 1/2 Stunden.
6. Rouladen aus dem Topf nehmen und heiß halten. Die Sauce durch ein Sieb streichen, nochmals erhitzen und dabei etwas einkochen lassen. Mit der Sahne verfeinern. Nach Wunsch mit Salz und Pfeffer abschmecken.

◄o►

Dieweil der Fleischtopf sieden tut, solange hält die Freundschaft gut

◄o►

Gefüllte Kalbsbrust

1 kg Kalbsbrust
Salz
1 Bund Suppengrün
2 Zwiebeln
60 g Butter
1 Kalbsknochen
1/2 l Wasser oder Fleischbrühe
3 EL saure Sahne
1 TL Stärkemehl

Für die Füllung:
3 altbackene Semmeln
1/8 l Milch
1 kleine Zwiebel
2 EL feingehackte Petersilie
1 TL Butter
2 Eier
Salz
abgeriebene Muskatnuß
Schale von 1/2 Zitrone (unbehandelt)

1. Beim Metzger eine Tasche in die Kalbsbrust schneiden lassen. Das Fleisch waschen, abtrocknen, innen und außen salzen. Das Suppengrün putzen, waschen und in Stücke schneiden. Die Zwiebeln schälen und fein hacken.
2. Für die Füllung die Semmeln in lauwarmer Milch einweichen. Die Zwiebel schälen, fein hacken und mit der Petersilie in der erhitzten Butter glasig werden lassen.
3. Die eingeweichten Semmeln gut ausdrücken, mit Zwiebeln und Petersilie sowie den Eiern vermischen. Den Teig mit Salz, Muskat und Zitronenschale würzen. Wenn er zu weich ist, noch 1-2 Eßlöffel Paniermehl zugeben. Die Masse in die Kalbsbrust füllen und diese mit Küchengarn zunähen.
4. Die Butter in der Fettpfanne des Backofens erhitzen, den Braten hineinlegen. Suppengrün und Zwiebeln rundherum streuen. Den abgewaschenen Kalbsknochen dazulegen. Das heiße Wasser oder Fleischbrühe angießen.
5. Die Kalbsbrust unter mehrmaligem Begießen in 2 bis 2 1/2 Stunden garen. 10 Minuten vor Ende der Garzeit die saure Sahne auf die Kalbsbrust streichen. Das Fleisch herausnehmen und unter einer Folie warm halten.
6. Den Bratensaft durch ein Sieb streichen und zum Kochen bringen. Das Stärkemehl mit etwas kaltem Wasser anrühren und die Sauce damit binden. Diese noch einige Minuten bei schwacher Hitze kochen lassen.
7. Die Kalbsbrust in nicht zu dünne Scheiben schneiden und mit der Sauce sowie mit Petersilienkartoffeln oder Kartoffelpüree anrichten.

Das Fleisch reicht sicherlich für 4-6 Personen.

Feine Entenbrust mit Blaukraut

1 kleiner Rotkohl (Blaukraut)
2 Entenbrüste
Salz
weißer Pfeffer aus der Mühle
1 EL Schweineschmalz
1 EL Butter
100 ml Rotwein
1 EL Johannisbeergelee

1. Den Rotkohl putzen, halbieren, waschen und die Strünke entfernen. Die Kohlhälften in feine Streifen schneiden. Die Entenbrüste von Sehnen befreien, waschen, abtrocknen, mit Salz und Pfeffer bestreuen.
2. Das Schmalz in einer Pfanne erhitzen und die Entenbrüste darin zuerst auf der Hautseite 5-8 Minuten braten, dann wenden und weitere 5 Minuten braten. Zugedeckt warm stellen.
3. Die Butter erhitzen und den Rotkohl darin leicht anbraten, mit etwas Rotwein ablöschen, weiterbraten und den restlichen Wein angießen. Das Gemüse 10-12 Minuten dünsten. Mit Pfeffer und Salz würzen und die Flüssigkeit etwas einkochen lassen.
4. Den Rotkohl nach Wunsch mit Johannisbeergelee abschmecken, auf einer heißen Platte anrichten und die Entenbrüste darauflegen.

Tip
Ausgezeichnet paßt auch Zitronenbutter zu diesem feinen Gericht.

Würzfleisch

250 g gekochtes
Geflügelfleisch
2 EL Butter
2 EL Mehl
100 ml Geflügelbrühe
3 EL Sahne
2 EL trockener Weißwein
2 Eigelb
1 Zitrone
Salz
weißer Pfeffer aus der Mühle
1 Prise Zucker
40 g geriebener Hartkäse
(Gouda, Bergkäse oder
Emmentaler)
1 EL feingehackte Petersilie

1. Das Geflügelfleisch in Würfel schneiden. Die Butter in einem Topf erhitzen und das Fleisch darin anbraten. Das Mehl darüberstäuben bis es leicht gebräunt ist. Die Geflügelbrühe angießen. Umrühren und einige Minuten kochen lassen.
2. Das Fleisch vom Herd nehmen. Sahne, Weißwein und Eigelb verquirlen und in die Sauce rühren. Mit etwas Zitronensaft, Salz, Pfeffer und 1 Prise Zucker abschmecken.
3. Das Würzfleisch in feuerfeste Förmchen füllen, mit dem geriebenen Käse bestreuen und die Förmchen so lange in den Backofen oder unter den Grill stellen, bis der Käse zu zerlaufen beginnt und etwas Farbe angenommen hat.
4. Mit Zitronenachteln und feingehackter Petersilie verziert anrichten.

Erzgebirgisches Pilzhähnchen

250 g Wildpilze (z.B. Steinpilze,
Waldchampignons, Maronen)
2 EL Sonnenblumenöl
Salz
weißer Pfeffer aus der Mühle
1 Hähnchen (ca. 1 kg)
1 EL Butter
knapp 1/2 l Fleisch- oder Geflügelbrühe
1 1/2 TL Stärkemehl
1 Bund Dill

1. Die Pilze putzen, kurz unter fließendem Wasser waschen und in nicht zu dicke Scheiben schneiden.
Das Öl in einem Topf erhitzen, die Pilze darin unter Rühren so lange braten, bis die austretende Pilzflüssigkeit eingekocht ist. Pilze salzen und pfeffern.
2. Das Hähnchen waschen, abtrocknen und in Portionsstücke zerlegen. Diese von allen Seiten mit Salz einreiben.
Die Butter erhitzen, die Hähnchenteile darin anbraten. Die Brühe zugießen. Das Fleisch darin in etwa 40 Minuten garen.
3. Das Stärkemehl mit etwas kaltem Wasser anrühren und die Sauce damit binden. Die Pilze zugeben und das Ganze noch 2 Minuten kochen lassen. Nochmals abschmecken.
4. Dill waschen, trockentupfen, fein schneiden und über das Hähnchengericht streuen, das am besten mit Reis oder Wildreis schmeckt.

Fasan nach Art der Winzer

2 junge Fasane
1/4 l Weißwein und Wasser (halb und halb)
Salz
weißer Pfeffer aus der Mühle
1 Stückchen Zitronenschale (unbehandelt)
6 schmale, dünne Streifen fetter Speck
60 g Butter
12 Wacholderbeeren
250 g Sahne
20 weiße Weintrauben

1. Die ausgenommenen Fasane innen und außen gründlich waschen, die Flügel abschneiden.
2. Flügel, Herzen sowie die geputzten und gewaschenen Mägen in Wein und Wasser zusammen mit Salz, Pfeffer und Zitronenschale zum Kochen bringen. Etwa 40 Minuten mehr ziehen als kochen lassen. Danach die Brühe durch ein feines Sieb gießen.
3. Die Fasane innen und außen salzen und pfeffern. Mit je 3 Speckscheiben belegen und mit Küchengarn umwickeln. Die Butter in einem Schmortopf erhitzen, die Fasane darin rundherum leicht anbraten.
4. Den Topf schließen und für 40 Minuten in den vorgeheizten Backofen (220°C) stellen. Zwischendurch das Fleisch mehrmals mit Bratfett begießen.
5. Die Fasane herausnehmen, die Speckscheiben entfernen und die Vögel nun im offenen Schmortopf auf dem Herd von allen Seiten goldbraun braten. Herausnehmen und warm halten.

6. Für die Sauce die Bratflüssigkeit mit der Fasanenbrühe aufgießen. Die Wacholderbeeren zerdrücken und zugeben. Die Sahne einrühren. Die Sauce etwas einkochen lassen und nochmals abschmecken.

7. Die Weintrauben waschen, halbieren und entkernen. Die Fasane auf einer heißen Platte anrichten und mit den Trauben umlegen. Die Sauce getrennt dazu reichen. Mit Kartoffelpüree oder Reis servieren.

Sächsisches Hirschragout

800 g Hirschfleisch (aus der Keule)
2 große Zwiebeln
1 Petersilienwurzel
2 Sellerieblätter
1 Lorbeerblatt
6 schwarze Pfefferkörner
6 Wacholderbeeren
1 TL getrockneter Thymian
2 Gewürznelken
1/4 l Essig
1/4 l Wasser
2 TL Zucker
150 g durchwachsener Räucherspeck
100 ml trockener Rotwein
1/2 l Fleischbrühe, Salz
schwarzer Pfeffer aus der Mühle
150 g Sellerieknolle
2 Möhren/gelbe Rüben
2 TL Butter
1 EL zerkrümelter Saucen-Pfefferkuchen
1 EL saure Sahne
100 g gekochter Schinken
1 EL Johannisbeerkompott

1. Das Hirschfleisch in Würfel von 2 cm Seitenlänge schneiden. Zwiebeln schälen und in Ringe schneiden. Petersilienwurzel abschaben und in kleine Stücke schneiden. Sellerieblätter waschen.

2. Fleisch, Zwiebeln, Petersilienwurzel und Sellerieblätter zusammen mit Lorbeerblatt, Pfefferkörnern, zerdrückten Wacholderbeeren, Thymian und Nelken in einen mittelgroßen Steinguttopf schichten.

3. Essig, Wasser und Zucker erhitzen, gut verrühren und etwas abkühlen lassen. Die Beize über das Fleisch und die übrigen Zutaten gießen. Zugedeckt einen Tag durchziehen lassen.

4. Das Fleisch aus der Beize nehmen und gut abtropfen lassen. Beize durchsieben. Den Speck in kleine Würfel schneiden und in einem Schmortopf auslassen. Fleischstücke zugeben und kräftig anbraten. Rotwein, Brühe und etwas von der durchgesiebten Beize angießen. Mit Salz und Pfeffer würzen. Das Hirschragout in 40-45 Minuten garen.

5. Inzwischen den Sellerie und die Möhren schälen und in kleine Würfel schneiden. Das Gemüse in 1 Teelöffel erhitzter Butter anbraten und unter Zugabe von wenig Wasser garen. Es soll aber nicht zu weich werden, sondern noch Biß haben.

6. Saucen-Pfefferkuchen und saure Sahne gut verrühren und in das Ragout geben. Aufkochen lassen.
Gekochten Schinken in Streifen schneiden und in der restlichen Butter leicht anbraten.

7. Das Ragout in einer flachen Schüssel anrichten. Die Schinkenstreifen und das gedünstete Wurzelgemüse dazugeben und das Ragout mit Johannisbeerkompott verzieren.

Dresdner Krautwickel (Kohlrouladen)

1 kg Weißkohl
Salz
1 TL gemahlener Kümmel
150 g magerer Frühstücksspeck
2 mittelgroße Zwiebeln
2 EL Butterschmalz
500 g Hackfleisch (halb Rind-, halb Schweinefleisch)
1 Ei
8 EL Paniermehl
3 EL Sahne
schwarzer Pfeffer aus der Mühle
1/2 l Gemüsebrühe
100 g saure Sahne

1. Vom Kohl die äußeren Blätter entfernen und den Strunk großzügig wegschneiden. 12 große Blätter vorsichtig ablösen. Die Rippen flach schneiden. Blätter in kochendes gesalzenes Wasser geben und 2-3 Minuten blanchieren. Herausnehmen und in eiskaltem Wasser abschrecken.
2. Jeweils 3 Kohlblätter etwas überlappend auslegen. Mit Kümmelpulver bestreuen und mit jeweils 3 Scheiben Frühstücksspeck belegen.
3. Einige der inneren Kohlblätter in feine Streifen schneiden. Zwiebeln schälen und fein hacken. 1 Teelöffel Butterschmalz erhitzen, die Zwiebel darin glasig werden und abkühlen lassen.
4. In einer Schüssel Hackfleisch, gebratene Zwiebeln, Ei, Paniermehl und Sahne gut vermischen. Den Fleischteig mit Salz und Pfeffer würzen. Hackfleischmasse gleichmäßig auf den Kohlblättern verteilen. Blätter einschlagen und zu 4 Krautwickeln aufrollen. Mit Küchengarn zusammenbinden.
5. Das restliche Butterschmalz in einem Schmortopf erhitzen, die Wickel darin auf allen Seiten braun anbraten. Die feinen Kohlstreifen mitbraten. Dann die Gemüsebrühe angießen. Die Krautwickel in 40 Minuten garen.
6. Die Rouladen herausnehmen und heiß halten. Die Sauce mit den Kohlstreifen nochmals aufkochen, mit der sauren Sahne verrühren und über die Krautwickel gießen. Diese mit Kartoffelpüree oder Salzkartoffeln anrichten.

Badische Laubfrösche

250 g große Spinatblätter
2 Semmeln
250 g gehacktes Kalbfleisch
abgeriebene Muskatnuß, Salz
125 g Speck
1 große Zwiebel
1 Bund Petersilie
2 Eier
1 EL Butter
1/4 l Fleisch- oder Gemüsebrühe

1. Von den Spinatblättern die Stiele abschneiden, die Blätter waschen und glatt in einen Topf legen. Kochendes Wasser darübergießen, dann sofort wieder abgießen. Jeweils 3 oder 4 Blätter überlappend nebeneinanderlegen und salzen.
2. Die Semmeln in warmem Wasser einweichen. Das gehackte Fleisch in eine Schüssel geben und mit den ausgedrückten Brötchen, Muskat und Salz vermischen.
3. Den Speck in kleine Würfel schneiden, die Zwiebel schälen und fein hacken. Petersilie waschen, trockentupfen und ebenfalls fein hacken. Speck leicht auslassen. Zwiebeln und Petersilie im Speckfett einige Minuten leicht anbraten.
4. Die Mischung etwas abkühlen lassen und zum Fleischteig geben. Die Eier untermischen. Eine Bratform mit Butter ausstreichen. Die Fleischmasse auf den Spinatblättern verteilen, diese einschlagen und aufrollen. Mit Zahnstochern feststecken.
5. Die Rollen (Laubfrösche) in die Form setzen, mit der Brühe

umgießen und in etwa 30 Minuten garen.

Berliner Kalbsleber

4 Scheiben Kalbsleber
(ca. 140 g)
4 große Äpfel (Boskoop)
2 weiße Zwiebeln, Salz
weißer Pfeffer aus der Mühle
2 TL Mehl
3 EL Sonnenblumenöl
2 EL Butter

1. Die Kalbsleber waschen und trockentupfen. Haut und Sehnen wegschneiden. Die Äpfel schälen. Kerngehäuse mit dem Apfelausstecher entfernen. Die Äpfel in 1/2 cm dicke Scheiben schneiden. Die Zwiebeln schälen und in nicht zu feine Ringe schneiden. Salz, Pfeffer und Mehl auf einem Teller vermischen.
2. Die Leberscheiben in dem Mehl wenden. Das Öl in einer großen Pfanne erhitzen. Die Leberscheiben darin auf beiden Seiten braun braten. Die Bratzeit dauert etwa 5-6 Minuten.
3. 1 Eßlöffel Butter in einer weiteren Pfanne erhitzen und die Apfelscheiben darin auf beiden Seiten dünsten. Herausnehmen und heiß stellen. Die restliche Butter in dieselbe Pfanne geben und die Zwiebelringe darin goldgelb anbraten.
4. Die Leber auf 4 heißen Tellern arrangieren und die Apfelscheiben und Zwiebelringe darauf verteilen. Dazu gibt es Kartoffelpüree oder Butterreis.

Kalbsnieren

500 g Kalbsnieren
100 g Schalotten
150 g Champignons
100 g Butter
1 Bund Estragon
100 ml trockener Weißwein
Salz
schwarzer Pfeffer aus der Mühle
1 EL saure Sahne
1 EL mittelscharfer Senf
1 EL feingehackte Petersilie

1. Die Nieren putzen, also Haut und Sehnen entfernen, waschen und in Scheiben schneiden. Die Schalotten schälen und fein hacken. Champignons putzen, kurz unter fließendem Wasser waschen, abtropfen lassen und in kleine Stücke oder Scheiben schneiden.
2. Die Butter in einer Pfanne erhitzen und die Nierenscheibchen darin auf beiden Seiten braun anbraten. Aus der Pfanne nehmen und warm stellen.
3. Die feingehackten Schalotten und die Pilze in das Bratfett geben und solange unter Rühren braten, bis die austretende Pilzflüssigkeit eingekocht ist.
4. Den Estragon waschen, fein hacken und zu den Pilzen geben. Den Weißwein angießen. Die Pilze mit Salz und Pfeffer würzen. Saure Sahne und Senf vermischen und in die Sauce rühren.
5. Die gebratenen Nierenscheiben in die Pilzsauce geben und darin noch einmal erhitzen. Das Gericht mit feingehackter Petersilie bestreuen.

Fisch

Fischpflanzerl Gregor

500 g Fischfilet (z.B. Rotbarsch, Seelachs, Kabeljau)
1 Brötchen
125 g durchwachsener Räucherspeck
1 Zwiebel
1 Ei, Salz
weißer Pfeffer aus der Mühle
1 Bund Petersilie
Butter zum Braten

1. Fischfilets waschen, trockentupfen und in Stücke schneiden. Das Brötchen in lauwarmem Wasser einweichen. Räucherspeck in kleine Würfel schneiden. Zwiebel schälen und fein hacken.
2. Fischfiletstückchen, Brötchen und Speckwürfel durch den Fleischwolf drehen. Zwiebeln zufügen und das Ganze nochmals durchdrehen. Ei, Salz und Pfeffer zu der Masse geben und gut verrühren.
3. Petersilie waschen, trockentupfen, fein hacken und ebenfalls unter den Fischteig mischen. Kleine Pflanzerl (Frikadellen) formen.
4. In einer schweren Pfanne Butter zum Braten erhitzen, die Fischplätzchen hineingeben und auf beiden Seiten knusprig braun werden lassen. Mit Salat und Kartoffelpüree oder frischem Brot servieren.

Tip
Wenn Ihnen die Masse nicht fest genug erscheint, können Sie noch 1 Eßlöffel Paniermehl darunterrühren.

Die Fischgräten

Habe nicht gewußt, daß Fischgräten dies täten, dies täten, daß sie also stechen täten, die verdammten Fischgräten.

Seit 1877 bekannt

Schellfisch mit Tomatensauce

4 Schellfischfilets
weißer Pfeffer aus der Mühle
Salz
6 reife Tomaten
1 Zwiebel
1 Knoblauchzehe
3 EL Öl
1 Lorbeerblatt
1/2 TL getrockneter Thymian
125 g Fischfond (aus dem Glas)
1 EL Butter
1 EL Basilikumblätter
1 Zitrone

1. Die Schellfischfilets waschen, trockentupfen und mit Pfeffer und Salz würzen.
2. Die Tomaten einritzen, mit kochendem Wasser übergießen, enthäuten. Tomaten halbieren, Stielansätze und Kerne entfernen. Die Früchte in Stücke schneiden. Zwiebel und Knoblauchzehe schälen und fein hacken.
3. 2 Eßlöffel Öl in einer Pfanne erhitzen, Zwiebeln und Knoblauch darin glasig werden lassen. Tomatenstücke unterrühren. Das Lorbeerblatt und Thymian zugeben. Den Fischfond an die Sauce gießen und diese mit Salz und Pfeffer würzen. 15 Minuten bei schwacher Hitze kochen lassen.
4. Das restliche Öl und die Butter in einer Pfanne erhitzen. Die Schellfischstücke darin auf beiden Seiten 3-4 Minuten bei starker Hitze braten.
5. Die Fischscheiben auf einer heißen Platte anrichten, die Tomatensauce dazugießen und das Gericht mit Basilikumblättern und Zitronenscheiben verzieren.

Fischsalat

1 kg Fischfilets ohne Haut
2 große Zwiebeln, Salz
1 dl Essig
1 dl Wasser
Zucker nach Geschmack
2 Lorbeerblätter
6 schwarze Pfefferkörner
6 Wacholderbeeren
1 Becher Joghurt
2 EL Crème fraîche
1 EL Meerettich (aus dem Glas)
weißer Pfeffer aus der Mühle
1 Apfel
2 Essiggurken

1. Die Fischfilets waschen, trockentupfen und in mundgerechte Stücke schneiden. Zwiebeln schälen und fein hacken. Fischstücke und Zwiebeln salzen und abwechselnd in ein Steingutgefäß oder Glas schichten.
2. Aus Essig, Wasser, Zucker, Lorbeerblättern, Pfefferkörnern und Wacholderbeeren eine Marinade rühren und so über Fisch und Zwiebeln gießen, daß diese ganz bedeckt sind. Das Gefäß gut verschließen und für 1-2 Tage kühl stellen.
3. Aus Joghurt, Crème fraîche und Meerettich eine Sauce rühren, mit Salz, Pfeffer und Zucker abschmecken.
4. Apfel schälen und halbieren, Kerngehäuse und Stielansatz entfernen, den Apfel in kleine Würfel schneiden. Auch die Essiggurken fein würfeln. Apfel- und Gurkenwürfel in die Sauce rühren.
5. Fisch und Zwiebeln aus der Marinade heben und gut abtropfen lassen. Mit der Sauce mischen. 2 Stunden durchziehen lassen.

Schmeckt mit Stangenweißbrot oder frischen Pellkartoffeln.

Tip
Die angegebenen Mengen reichen als Vorspeise oder kleiner Imbiß für 6-8 Personen.

Matjessalat mit Gurke

8 Matjesfilets
3 kleine weiße Zwiebeln
2 kleine Gärtnergurken
2 EL Öl
3 EL Apfelessig
1 TL Zucker
1 TL mittelscharfer Senf
200 g saure Sahne
Salz
schwarzer Pfeffer aus der Mühle
8 Cocktailtomaten
1 Bund Schnittlauch
1 Bund Dill

1. Die Matjesfilets in schmale Streifen schneiden. Zwiebeln schälen und in feine Ringe schneiden. Die Gurken schälen, halbieren, das Kerngehäuse mit einem Löffel herausschaben. Die Gurkenhälften in kleine Würfel schneiden. Fisch, Zwiebeln und Gurkenstücke in eine Schüssel geben.
2. Aus Öl, Essig, Zucker, Senf, saurer Sahne sowie Salz und

Pfeffer eine Marinade rühren und über die Zutaten in der Schüssel gießen. Vorsichtig umrühren und 15 Minuten durchziehen lassen.
3. Tomaten waschen, halbieren, Kernansätze entfernen, die Früchte in Viertel schneiden. Schnittlauch und Dill waschen, trockentupfen, Schnittlauch in feine Röllchen schneiden, Dill fein hacken. Tomatenviertel und Kräuter über den Salat streuen, der mit frischem Brot besonders gut schmeckt.

Muscheln à la Erika

2 kg Miesmuscheln
4 Knoblauchzehen
2 große Zwiebeln
6 EL Olivenöl
knapp 1/4 l Weißwein (möglichst Riesling)
2-3 Lorbeerblätter, Salz
schwarzer Pfeffer aus der Mühle
3 große Fleischtomaten

1. Die Muscheln unter fließendem Wasser gründlich bürsten, die „Bärte" entfernen. Geöffnete Muscheln wegwerfen. Knoblauch und Zwiebeln schälen und fein hacken.
2. Das Öl in einem großen Topf erhitzen, Knoblauch und Zwiebeln darin glasig werden lassen. Den Wein angießen, Lorbeerblätter, Salz und Pfeffer zugeben und die Zwiebeln 10 Minuten zugedeckt kochen lassen.
3. Fleischtomaten einritzen und mit kochendem Wasser übergießen; enthäuten, Stielansätze ausschneiden. Tomaten entkernen und in nicht zu große Stücke schneiden.
4. Muscheln und Tomaten in den Sud geben und das Ganze zugedeckt etwa 20 Minuten kochen lassen, bis sich die Muscheln geöffnet haben. Muscheln mitsamt dem Sud in tiefen Tellern servieren. Geschlossene Muscheln wegwerfen.

Dazu gibt es Fladenbrot oder Stangenweißbrot und als Getränk natürlich denselben Riesling, in dem auch die Muscheln gegart wurden.

Muscheln in Sellerie-Pilz-Sauce

2 kg Miesmuscheln
500 g Staudensellerie
250 g Champignons
2 Knoblauchzehen
2 EL Olivenöl
Salz
schwarzer Pfeffer aus der Mühle
1/8 l Weißwein
2 EL feingehackte Kräuter (Dill, Schnittlauch, Kerbel)

1. Die Muscheln gründlich unter fließendem Wasser bürsten, die „Bärte" entfernen. Geöffnete Muscheln wegwerfen.
2. Den Sellerie putzen, waschen und in schmale Streifen schneiden. Selleriegrün hacken und zu den übrigen Kräutern geben. Pilze putzen, waschen und in dünne Scheibchen schneiden. Knoblauchzehen schälen und fein hacken.
3. Das Öl in einem großen Topf erhitzen. Den Sellerie, die Pilze und den Knoblauch darin anbraten. Das Gemüse mit Salz und Pfeffer würzen und den Wein angießen. 10 Minuten bei schwacher Hitzen kochen lassen.
4. Die Muscheln in den Topf geben und zugedeckt so lange kochen lassen, bis sich die Muscheln öffnen. Sämtliche Kräuter unter die Muscheln mischen und diese auf einer großen, flachen Schüssel oder einer Platte anrichten. Mit Weißbrot oder Bauernbrot servieren.

Tip
Wichtig bei jeder Art von Muscheln ist, daß sie ganz frisch angeliefert wurden. Muscheln, die bereits beim Kauf offen sind, müssen ebenso weggeworfen werden wie Muscheln, die sich nach der vorgeschriebenen Kochzeit nicht geöffnet haben.

Steinbutt mit Trauben

4 Steinbuttfilets (à 350 g)
1 EL Zitronensaft
Salz
2 EL Mehl
200 g weiße Weintrauben
50 g Butter
1 TL rosa Pfeffer

1. Steinbuttfilets waschen und trockentupfen. Mit Zitronensaft beträufeln. Salzen und in Mehl wenden. Die Weintrauben waschen, enthäuten, halbieren und entkernen.
2. Die Butter erhitzen, die Filets darin goldbraun braten. Herausnehmen und heiß halten.
3. Die Weintraubenhälften sowie den rosa Pfeffer samt etwas Pfeffersud ins Bratfett geben und noch 5 Minuten darin köcheln lassen. Trauben und Pfefferbutter auf den Steinbuttfilets verteilen. Mit Reis oder Wildreis servieren.

Der Fisch will dreimal schwimmen – im Wasser, im Fett und im Wein

Gebratene Heilbuttkoteletts mit Estragon

4 Heilbuttkoteletts
1 Knoblauchzehe
1 Bund Estragon
4 EL Sonnenblumenöl
2 EL Zitronensaft
Salz
weißer Pfeffer aus der Mühle
1 EL Cognac

1. Die Heilbuttkoteletts waschen und trockentupfen. Die Knoblauchzehe schälen und fein hacken. Den Estragon waschen.
2. Zwei Eßlöffel Öl, Zitronensaft, Salz, Pfeffer und gehackten Knoblauch zu einer Marinade verrühren. Die Fischkoteletts damit bestreichen. Estragonzweige darauf geben. Die Koteletts übereinanderlegen und in Folie verpackt 2 Stunden marinieren.
3. Das restliche Öl in einer schweren Pfanne erhitzen; vom marinierten Fisch den Estragon entfernen. Den Heilbutt auf beiden Seiten 2-3 Minuten braten, dann erst die Estragonblättchen zugeben. Die Fischkoteletts aus dem Bratensaft nehmen und heiß halten.
4. Die Sauce mit etwas Cognac abschmecken und nach Geschmack würzen.
5. Die Heilbuttkoteletts auf einer vorgewärmten Platte anrichten und mit der würzigen Kräutersauce beträufeln. Dazu paßt Kartoffelpüree.

Seelachsfilets auf Ingwermöhren

8 Seelachsfilets
Zitronensaft zum Marinieren
Salz
schwarzer Pfeffer aus der Mühle
500 g Möhren/gelbe Rüben
1 Stückchen Ingwerwurzel
2 Schalotten
3 EL Butter
1 Msp. Cayennepfeffer
1 Msp. Curry
2 cl Cognac
1 dl trockener Weißwein
4 EL Crème fraîche
1 Bund Rucola

1. Die Fischfilets waschen, trockentupfen, mit dem Zitronensaft beträufeln, salzen und pfeffern. Die Möhren schälen und in längliche Streifen hobeln. Den Ingwer und die Schalotten schälen; beides fein hacken.
2. 1 Eßlöffel Butter in einer Pfanne erhitzen, die Schalotten und den Ingwer darin unter Rühren leicht anbraten. Die Möhrenscheiben dazugeben, mit Salz, Pfeffer, Cayennepfeffer und Curry würzen und einige Minuten ebenfalls mitbraten.
3. Den Cognac angießen und verrühren, anschließend den Wein und die Crème fraîche zufügen. Das Gemüse noch einige Minuten bei schwacher Hitze kochen lassen.
4. Die restliche Butter erhitzen und die Seelachsfilets darin je Seite in etwa 5 Minuten goldbraun braten.
5. Die Rucola waschen und trockentupfen. Die Blätter von den Stielen zupfen und zur Hälfte zum Gemüse geben. Die andere Hälfte fein hacken. Das Gemüse auf den Fischfilets anrichten und mit der feingehackten Rucola bestreuen.
Mit Reis oder Wildreis schmecken die Seelachsfilets besonders gut.

Lachs auf Gurken-Dill-Gemüse

4 Lachsfilets (à 200 g)
2 EL Zitronensaft
Salz
schwarzer Pfeffer aus der Mühle
2 Salatgurken
5 Schalotten
2 Bund Dill
2 EL Butter
4 EL trockener Weißwein
2 EL Schlagsahne
4 Zitronenscheiben

1. Die Lachsfilets waschen, trockentupfen und mit Zitronensaft beträufeln. Mit Salz und Pfeffer bestreuen.
2. Die Gurken schälen, halbieren, die Kerne mit einem Löffel herausschaben. Die Gurkenhälften quer in schmale Streifen schneiden. Die Schalotten schälen und fein hacken. Den Dill waschen und ganz fein schneiden.
3. Die Butter in einem Schmortopf erhitzen, die Schalotten darin glasig braten. Die Gurken zufügen und kurz mitbraten. Mit Salz und Pfeffer würzen. Den Wein angießen und die Hälfte vom Dill zugeben. Gurken 3-4 Minuten kochen lassen.
4. Die Lachsfilets auf das Gurkengemüse legen und zugedeckt in 5-6 Minuten darauf garen. Den Fisch vom Gemüse nehmen und zugedeckt heiß halten.
5. Die Schlagsahne unter das Gemüse mischen. Fisch und Gemüse, garniert mit Zitronenscheiben und dem restlichen Dill, auf einer Platte anrichten. Mit Petersilienkartoffeln servieren.

Polnischer Karpfen

800 g Karpfenfilets
2 große Zwiebeln
Salz
schwarzer Pfeffer aus der Mühle
4 EL Mehl
2 Eier
6 EL Paniermehl
Öl zum Ausbacken
1 ungespritzte Zitrone

1. Die Karpfenfilets waschen und trockentupfen. Zwiebeln schälen und in Ringe schneiden. In eine Schüssel schichtweise Karpfenfilets und Zwiebeln geben. Mit Salz und Pfeffer würzen. Zugedeckt über Nacht kühl stellen.
2. Am nächsten Tag die Fischfilets abspülen und trockentupfen. Zuerst in Mehl, dann in verquirltem Ei und zum Schluß in Paniermehl wenden. Die Panade zwi-

schen den Handflächen fest andrücken.
3. Das Öl in einer schweren Pfanne erhitzen, die Filets darin auf beiden Seiten goldbraun backen. Auf einem Siebeinsatz oder Küchenpapier abtropfen lassen. Die fertigen Filets heiß halten.
4. Die Zitrone waschen und in Achtel schneiden. Fischfilets mit Zitronenachteln garnieren und mit Kartoffelsalat essen.

Dieses Rezept stammt von der polnischen Sängerin Mariola. Wir haben sie während einer Tournee kennengelernt, wo sie als Chorsängerin der Wildecker Herzbuben engagiert war. Sie hat gute alte Familienrezepte aus ihrer Heimat gesammelt, aufgeschrieben und natürlich auch weitergegeben.

Badischer Hecht

1 küchenfertiger Hecht (etwa 1,5 kg)
Salz, 2 EL Mehl
75 g Butter
2 Schalotten
2 EL Zitronensaft
100 ml trockener Weißwein
250 g Sahne
1 Bund Petersilie

1. Den Hecht waschen und sorgfältig innen und außen trockentupfen. Salzen und in dem Mehl wenden. Überschüssiges Mehl abklopfen.
2. Die Butter in einem länglichen Topf erhitzen, den Hecht darin auf beiden Seiten anbraten. Den Fisch dann auf die Saftpfanne legen und ihn im auf 200°C vorgeheizten Backofen in 15 Minuten garen.
3. Inzwischen die Schalotten schälen, fein hacken, um den Hecht streuen und mitbraten. Den Hecht zuerst mit Zitronensaft, dann mit dem Wein und zum Schluß mit der Sahne begießen. Die Sauce verrühren und zusammen mit dem Hecht noch 35 Minuten kochen lassen. Den Fisch öfter damit begießen.
4. Die Petersilie waschen, trockentupfen und fein hacken. Den Hecht auf einer vorgewärmten Platte anrichten. Die Sauce zusammen mit der gehackten Petersilie nochmals aufkochen lassen und mit Spätzle oder Butternudeln extra reichen.

Saibling mit Sauerampfersauce

*4 küchenfertige Saiblinge
(à 250 g)
Salz
weißer Pfeffer aus der Mühle
1 dicke weiße Zwiebel
1 Knoblauchzehe
100 g Sauerampferblätter
2 EL Butter
1/4 l trockener Weißwein
100 g Sahne
2 kleine Tomaten*

1. Die Fische waschen, trockentupfen, innen und außen mit Salz und Pfeffer würzen.
2. Die Zwiebel und die Knoblauchzehe schälen und fein hacken. Die Sauerampferblätter waschen, trockentupfen und in schmale Streifen schneiden.
3. Die Butter in einem länglichen Fischtopf erhitzen und die Zwiebeln sowie den Knoblauch darin glasig werden lassen. Den Sauerampfer zufügen und unterrühren.
4. Die Fische obenauf legen. Den Wein angießen und die Saiblinge zugedeckt bei schwacher Hitze in 15-20 Minuten auf dem Gemüsebett garen. Saiblinge herausheben und warm halten.
5. Die Sauce zusammen mit der Sahne im Mixer oder mit dem Stabmixer pürieren. Nochmals kurz aufkochen und mit Pfeffer abschmecken.
6. Die Tomaten waschen, in Achtel schneiden, dabei Stielansätze und Kerne entfernen. Fischfilets ablösen, auf Tellern anrichten und mit der Sauce umgießen. Mit Tomatenachteln garnieren.

Spreewälder Bratfisch

*650 g gemischter Fisch (z.B. Hecht, Schleie, Forelle), Salz
weißer Pfeffer aus der Mühle
1 EL Mehl
1 EL Butter
1 Bund Petersilie*

1. Den Fisch waschen, entgräten, häuten und in Portionsstücke schneiden. Mit Salz und Pfeffer würzen. Anschließend die Stücke in Mehl wälzen.
2. Die Butter in einer Pfanne erhitzen, die bemehlten Fischstücke darin auf beiden Seiten goldbraun braten. Herausnehmen und auf einer vorgewärmten Platte heiß halten.
3. Petersilie waschen, abtrocknen und fein hacken. Ins heiße Bratfett geben und unter Rühren leicht rösten.

4. Petersilie und restliches Bratfett über dem Fisch verteilen. Mit frischen Pellkartoffeln oder Salzkartoffeln anrichten.

Mandelforelle mit Trauben

4 frische kleine Bachforellen (à 250 g)
Zitronensaft
Salz
2 EL Mehl
200 g weiße Weintrauben
50 g Mandelblättchen
75 g Butter
125 g Fischfond (aus dem Glas)
100 ml trockener Weißwein
200 g Sahne
schwarzer Pfeffer aus der Mühle

1. Die Forellen ausnehmen, waschen und sorgfältig trockentupfen. Die Fische mit Zitronensaft beträufeln, salzen und in Mehl wenden; überschüssiges Mehl abklopfen.
2. Trauben waschen, abtropfen lassen und von den Stielen zupfen. Halbieren und, wenn nötig, die Kerne entfernen. Die Mandelblättchen in einer trockenen Pfanne unter ständigem Rühren leicht goldgelb rösten (nicht anbrennen lassen!)

3. Ein Drittel der Butter in einer Fischpfanne erhitzen, die Forellen darin auf beiden Seiten anbraten und zusammen mit dem Bratfett auf ein Backblech geben. Im vorgeheizten Backofen (200°C) in 15 Minuten garen.
4. Fischfond und Wein in einem Topf zum Kochen bringen und stark einkochen lassen. Die Sahne zugießen und einige Minuten mitkochen. 25 g eiskalte Butter mit dem Schneebesen in die Sauce schlagen. Diese mit Salz und Pfeffer würzig abschmecken.
5. Die restliche Butter erwärmen, die Weintraubenhälften darin erhitzen und mit etwas Pfeffer bestäuben.
6. Die Forellen auf einer heißen Platte anrichten, mit der Sauce umgießen, die Trauben und die Mandelblättchen auf den Fischen verteilen. Mit kleinen Petersilienkartoffeln servieren.

Gemüse

Bayrisch Kraut

1 kleiner Weißkohl (ca. 750 g)
75 g durchwachsener Räucherspeck
1 EL Schweineschmalz, Salz
schwarzer Pfeffer aus der Mühle
2 TL Kümmel
1 TL Zucker
1/4 l Gemüsebrühe (aus dem Würfel)
1 EL Essig

1. Den Weißkohl halbieren, Strunk und welke äußere Blätter entfernen, die Kohlhälften in feine Streifen schneiden und auf einem Sieb waschen. Gut abtropfen lassen. Speck in kleine Würfel schneiden.
2. Das Schmalz in einer Pfanne erhitzen, den Speck zugeben und etwas ausbraten. Das abgetropfte Gemüse untermischen, mit Salz, Pfeffer und Kümmel würzen. Den Zucker zum Weißkohl geben und das Ganze gut durchmischen.
3. Das Gemüse bei schwacher Hitze anbraten, aber nicht zu braun werden lassen. Der Weißkohl soll leicht karamelisieren. Die Gemüsebrühe angießen und den Kohl zugedeckt weich dünsten. Zum Schluß mit etwas Essig abschmecken.

Griebenknödel

750 g Kartoffeln
100 g Mehl
60 g Grieß
2 Eier
100 g Butter, Salz
175 g Grieben
1 Bund Petersilie

1. Kartoffeln waschen und in der Schale kochen. Noch heiß abziehen und durchpressen. Kartoffelmasse mit Mehl, Grieß, Eiern, Butter und Salz zu einem geschmeidigen Teig verarbeiten. Teig in Folie wickeln und für 2 Stunden kühl stellen.
2. Grieben grob hacken. Petersilie waschen und fein hacken; beides mischen.
3. Aus dem abgekühlten Teig eine dicke Rolle formen. Gleichmäßige Scheiben abschneiden. Etwas von der Grieben-Petersilien-Mischung auf jede Scheibe geben und daraus schöne runde Knödel formen.
4. In einem großen Topf reichlich Wasser mit etwas Salz zum Kochen bringen. Die Knödel einlegen und bei schwacher Hitze erwa 15 Minuten mehr ziehen als kochen lassen (Garprobe machen!). Die Knödel aus dem Kochwasser heben und zum Rotkohl essen.

Rotkohl mit Griebenknödel

1 Rotkohl (ca. 1 kg)
1 große Zwiebel
50 g durchwachsener Speck
3 EL Sonnenblumenöl
100 ml Rotwein
1/4 l Fleisch- oder Gemüsebrühe
(aus dem Würfel)
1 säuerlicher Apfel
1 kleine Kartoffel, Salz
schwarzer Pfeffer aus der Mühle
1/2 TL Dillsamen
1 TL Zucker
1 EL Essig, 1 Bund Dill

1. Den Rotkohl halbieren, Strunk und welke äußere Blätter entfernen. Den Kohl in feine Streifen schneiden, auf einem Durchschlag waschen und gut abtropfen lassen. Die Zwiebel schälen und fein hacken. Den Speck in kleine Würfel schneiden.
2. Das Öl in einem Topf erhitzen, Speckwürfel und Zwiebeln darin unter Rühren anbraten. Den geschnittenen Kohl zufügen und unter häufigem Rühren 15 Minuten anbraten. Wein und Brühe angießen und das Gemüse zum Kochen bringen.
3. Den Apfel schälen, Kerngehäuse entfernen. Kartoffel schälen. Apfel und Kartoffel ins Gemüse reiben. Mit Salz, Pfeffer und Dillsamen würzen. Den Rotkohl in etwa 1 Stunde bei schwacher Hitze weich dünsten. Mit Zucker und Essig abschmecken.
4. Den Dill waschen und fein schneiden. Über das Gemüse streuen.

Sauerkraut-Küchle

Im Schwarzwald liebt man diese Küchle, die besonders gut zu einem Glas badischem Wein schmecken. Man läßt rohes Sauerkraut (am besten natürlich aus eigener Herstellung) gut abtropfen und schneidet es in kurze Stücke. Dann stellt man einen Pfannkuchenteig her, läßt das Mehl etwas ausquellen und taucht das Sauerkraut portionsweise hinein. In heißem Fett werden handtellergroße Küchle gebacken, die schön knusprig sein sollen.

Bayerischer Krautstrudel

1 mittelgroßer Weißkohl (Weißkraut)
1 große Zwiebel
150 g Schinkenreste
40 g Schweineschmalz
Salz
weißer Pfeffer aus der Mühle
450 g Mehl
3 EL Öl
etwas lauwarmes Wasser
Mehl zum Ausrollen
Fett für das Backblech
Butter zum Bestreichen
150 g saure Sahne

1. Den Weißkohl halbieren, Strunk und welke äußere Blätter entfernen. Den Weißkohl in feine Streifen schneiden, diese auf einem Durchschlag waschen und gut abtropfen lassen.

2. Die Zwiebel schälen und fein hacken, die Schinkenreste in kleine Würfel schneiden. Das Schmalz in einer großen Pfanne erhitzen, Zwiebeln und Schinkenwürfel darin unter Rühren anbraten. Den Weißkohl zugeben und unter gelegentlichem Umrühren etwa 30 Minuten zugedeckt dünsten. Gemüse mit Salz und Pfeffer würzen.

3. Mehl, Öl, Salz und soviel

lauwarmes Wasser verkneten, daß ein geschmeidiger Teig entsteht. Diesen in einer Schüssel etwa 30 Minuten zugedeckt auf einem Topf mit heißem Wasser ruhen lassen.

4. Den Teig in 3 gleichgroße Stücke teilen. Auf der bemehlten Arbeitsplatte dünn ausrollen und mit dem gedünsteten Weißkohl belegen. Die Teigplatten aufrollen und die Strudel nebeneinander auf das gefettete Backblech legen.

5. Im vorgeheizten Backofen (220°C) die Strudel etwa 35 Minuten backen. Nach 15 Minuten die Temperatur auf 190°C zurückschalten. Die Butter schmelzen und die Strudel 15 Minuten vor Ende der Backzeit damit bestreichen.

6. Fertige Strudel aus dem Ofen nehmen, etwas ruhen lassen und in dicke Scheiben schneiden. Jede Scheibe mit einem Löffel saurer Sahne servieren.

Schwäbische Bohnen mit Sauerkraut

300 g getrocknete weiße Bohnen
2 Zwiebeln
75 g durchwachsener Räucherspeck
1/2 kleine Sellerieknolle
1 EL Sonnenblumenöl
Salz, Pfeffer
500 g Sauerkraut
1 EL Schweineschmalz

1. Die Bohnen auf einem Sieb waschen und über Nacht in Wasser einweichen.

2. Am nächsten Tag die Zwiebeln schälen und fein hacken. Den Speck in kleine Würfel schneiden. Die Sellerieknolle schälen und in kleine Würfel schneiden.

3. Die Bohnen bedeckt mit Einweichwasser zum Kochen bringen. Das Öl in einem Topf erhitzen, Speck- und Selleriewürfel darin leicht anrösten. Beides zu den Bohnen geben. Mit Salz und Pfeffer würzen und die Bohnen gar kochen.

4. Das Sauerkraut kurz schneiden und im heißen Schweineschmalz dünsten. Zu den gekochten Bohnen geben und das Gemüse nochmals würzig abschmecken.

Feiner als im Schwäbischen ging es in einer badischen Patrizierfamilie zu, in deren Kochbuch es heißt: „Sauerkraut bereitet man mit französischem Champagner. Hat man den zufällig nicht zur Hand, tut es auch guter Weißer Burgunder. Ganz arme Leute müssen Moselwein nehmen."

Blumenkohl in Weinteig

1 großer Blumenkohl
Salz
3 Eier
1/4 l Weißwein und Wasser gemischt
150 g Mehl
abgeriebene Muskatnuß
Öl zum Ausbacken

1. Den Blumenkohl waschen, das dicke Stielende und alle Blätter entfernen. Den Kohl in schwach gesalzenem Wasser im Ganzen so lange kochen, daß das Gemüse noch Biß hat.
2. Die Eier trennen. Die Eigelbe, die Wein-Wasser-Mischung, das Mehl, etwas Salz und Muskat zu einem Teig verrühren. Den Teig etwas quellen lassen. Inzwischen das Eiweiß zu steifem Schnee schlagen und diesen unter den Teig heben.
3. Den Blumenkohl aus dem Kochwasser nehmen und gut abtropfen lassen. In einzelne Röschen teilen.
4. Das Backfett in einer Pfanne erhitzen. Die Blumenkohlröschen durch den Weinteig ziehen und nacheinander im heißen Fett goldgelb ausbacken. Auf Küchenpapier entfetten und heiß halten, bis alle Röschen gebacken sind.

Gefüllter Fenchel

4 Fenchelknollen (à 200 g)
1/4 l Gemüsebrühe
50 g grob geriebener Goudakäse (mittelalt)
3 EL Sahne
1 TL grüne Pfefferkörner
Salz

1. Die Fenchelknollen putzen, waschen und halbieren. Fenchelgrün fein schneiden und beiseite legen. Die Knollenhälften in der Brühe bei schwacher Hitze 15 Minuten kochen.
2. Fenchel aus dem Kochwasser nehmen, abtropfen und etwas abkühlen lassen. Die Hälften aushöhlen, das Innere kleinschneiden und mit dem geriebenen Käse, der Sahne, dem Fenchelgrün, Pfefferkörnern und Salz mischen und die Masse wieder in die Hälften füllen.
3. Die Fenchelhälften erneut in die restliche Kochbrühe setzen und solange weitergaren, bis der Käse zu schmelzen beginnt.

Zuviel ist ungesund, und wenn's lauter Medizin wär.

Auberginentopf

2 große Auberginen
Butter für die Auflaufform
Salz
schwarzer Pfeffer aus der Mühle
2 Bund Petersilie
2 Knoblauchzehen
750 g Fleischtomaten
3 EL Tomatenmark
150 g geriebener Goudakäse
100 g Kochsalami
2 TL provençalische Kräuter

1. Auberginen waschen, Stengelansätze entfernen, die Früchte der Länge nach in etwa 1/2 cm dicke Scheiben schneiden. Die beiden äußeren Scheiben jeweils in kleine Würfel teilen, auf den Boden einer dick mit Butter gefetteten Auflaufform streuen und mit Salz und Pfeffer würzen.
2. Die Auberginenscheiben in kochendem Salzwasser 3 Minuten blanchieren, herausnehmen und eiskalt abschrecken. Petersilie waschen und sehr fein hacken. Knoblauchzehen schälen und ebenfalls fein hacken. Tomaten einritzen, mit kochendem Wasser übergießen, die Haut sowie Stielansätze und Kerne entfernen. Die Früchte in kleine Stücke schneiden.
3. In einer kleinen Schüssel das Tomatenmark mit zwei Dritteln der Petersilie und dem Knoblauch verrühren. Die abgetropften Auberginenscheiben auf der Arbeitsplatte ausbreiten, salzen, pfeffern und mit der Petersilien-Knoblauch-Paste bestreichen.

Den geriebenen Käse und einige Salamischeiben auf jede Scheibe legen. Die Scheiben aufrollen, mit Zahnstochern feststecken und aufrecht nebeneinander in die Form setzen. Die Tomatenstücke darauf verteilen, salzen und pfeffern und mit provençalischen Kräutern bestreuen.
4. Die Form in den vorgeheizten Backofen (200°C) stellen und die Auberginen-Röllchen in etwa 30 Minuten garen. Vor dem Anrichten mit der restlichen Petersilie bestreuen.

Sie können auch die Wurst weglassen und bekommen dann ein würziges vegetarisches Gericht. Die Röllchen schmecken auch sehr gut, wenn sie statt mit Gouda und Tomatenmark mit einer Mischung aus saurer Sahne, Schafskäse und Kräutern gefüllt werden.

Auberginen-rahmschnitzel

Für ein einfaches, aber sehr schmackhaftes Auberginengericht schneiden Sie 2 der schönen glänzenden Eierfrüchte in 1/2 cm dicke Scheiben und bestreuen sie zum Entbittern mit etwas Salz, das sie nach einigen Minuten mit Küchenpapier abtupfen können. Die Scheiben werden dann in Mehl gewälzt und in heißem Olivenöl auf beiden Seiten gebraten. Herausnehmen und heiß halten. Ins restliche Bratöl pressen Sie eine Knoblauchzehe, geben reichlich gehackte Petersilie hinein und gießen 250 g Sahne dazu. Die Sauce wird mit Pfeffer, Salz und etwas Zitronensaft würzig abgeschmeckt, bevor Sie die gebratenen Auberginenscheiben wieder hineinlegen. Diese „Rahmschnitzel" werden mit frischem Stangenweißbrot gegessen.

Gemüsepastete

3 Möhren/gelbe Rüben
je 1 rote, grüne und gelbe
Paprikaschote
200 g Champignons
1 kleine Zwiebel
1 Knoblauchzehe
300 g Brokkoli (tiefgekühlt)
Salz, 60 g Butterschmalz
weißer Pfeffer aus der Mühle
150 g Crème fraîche, 4 Eier
abgeriebene Muskatnuß

1. Die gelben Rüben schälen
und in feine Streifen schneiden.
Paprikaschoten waschen, halbieren, Stielansätze, Kerne und
Scheidewände entfernen, die
Schoten in Streifen schneiden.
Champignons putzen, kurz unter
fließendem Wasser waschen, in
dünne Scheibchen schneiden.
Zwiebel und Knoblauchzehe
schälen und fein hacken.
2. Den Brokkoli in kochendem
Salzwasser 5 Minuten kochen,
herausheben und abtropfen
lassen.
3. 40 g Butterschmalz in einem
Topf erhitzen, zuerst die
Möhrenstreifen 5 Minuten darin
braten. Herausnehmen und die
Paprikastreifen ebenfalls 5 Minuten darin garen. Danach Zwiebeln und Knoblauch im Bratfett
glasig werden lassen. Die
Champignonscheibchen zugeben und solange braten, bis der
austretende Pilzsaft eingekocht
ist. Alle Gemüse getrennt abkühlen lassen.
4. Eine feuerfeste Form mit dem
restlichen Butterschmalz ausstreichen, dann nacheinander die

Gemüse hineinschichten, zuletzt
die Brokkoliröschen. Crème
fraîche, Eier, Muskat, Salz und
Pfeffer verrühren und über die
Gemüse gießen. Die Form mit
Alufolie verschließen. Die Form
in den vorgeheizten Backofen
(180°C) auf die Fettpfanne
stellen und diese mit kochendem
Wasser umgießen. Die Pastete
im Wasserbad garen.
5. Sobald die Pastete eine feste
Konsistenz annimmt (Backzeit
etwa 45 Minuten) herausnehmen und in der Form abkühlen
lassen. In Scheiben schneiden
und zu Toast oder Stangenweißbrot servieren.
Sie können auch eine feine
Sauce zu dieser Gemüsepastete
zubereiten. Schlagen Sie 200 g
Sahnejoghurt mit 2 Eigelb,
2 Eßlöffeln Mayonnaise (50%
Fett), Salz und Pfeffer kräftig auf
und geben Sie 2 Eßlöffel frische, feingehackte Gartenkräu-
ter (z.B. Kerbel, Schnittlauch,
Pimpinelle, Petersilie) dazu.

Leipziger Allerlei

3 Kohlrabiknollen
1 Bund Möhren/gelbe Rüben
1/2 Blumenkohl
500 g Spargel
500 g Erbsen
200 g frische junge Morcheln
50 g Butter
Salz, 1 Prise Zucker
2 TL Mehl
abgeriebene Muskatnuß
75 g Krebsbutter
3 EL Sahne
16 gekochte Krebse

1. Kohlrabiknollen und Möhren
schälen, Kohlrabi in Scheibchen
geschnitten, kleine Möhren können ganz bleiben, größere vierteln. Blumenkohl waschen und
in Röschen teilen. Spargel schälen, nur die oberen Hälften mit
den Köpfen verwenden (aus den
übrigen Stangen eine Spargel-
cremesuppe bereiten). Die
Erbsen auspalen. Die frischen
Morcheln sorgfältig mehrmals
waschen, bis das Waschwasser
klar bleibt, der Länge nach halbieren.
2. Sämtliche Gemüse nacheinander, aber getrennt, in wenig
Wasser, dem 20 g Butter, Salz
und Zucker zugesetzt werden,
knackig garen und auf einem
Sieb abtropfen lassen. Das
Kochwasser aufheben.
3. Die restliche Butter in einem
großen, breiten Topf erhitzen,
das Mehl darin leicht anschwitzen und etwas Kochwasser
angießen. Mit abgeriebener
Muskatnuß würzen. Krebsbutter
und Sahne einrühren und die
Sauce würzig abschmecken.
Die Gemüse hineingeben und
vorsichtig erhitzen.
4. Zum Schluß das ausgelöste
Fleisch aus den Krebsschwän-
zen und Scheren dazugeben.
Zu diesem edlen Gemüsegericht
passen Mandelkroketten.
Wenn es einmal besonders
schnell gehen soll, können Sie
statt frischem Gemüse auch
tiefgekühlte Erbsen, Dosen-
spargel, getrocknete und eingeweichte Morcheln sowie Krebs-
fleisch aus der Dose für das
Leipziger Allerlei verwenden.

Schwarzwurzeln mit Zitronensauce

1 kg Schwarzwurzeln
etwas Essig
Salz
1 Zitrone (unbehandelt)
125 g Butter
abgeriebene Muskatnuß
schwarzer Pfeffer aus der Mühle
1 Bund Petersilie

1. Die Schwarzwurzeln unter fließendem Wasser gründlich abbürsten. Die Schale abschaben, die Wurzeln in Stücke schneiden und in kaltes Wasser legen, dem etwas Essig zugesetzt wird, damit sich das Gemüse nicht verfärbt.
2. In einem großen Topf gesalzenes Wasser zum Kochen bringen, die Schwarzwurzelstücke hineingeben und in etwa 20 Minuten garen. Herausnehmen und abtropfen lassen. Das Kochwasser aufheben.
3. Die Zitrone waschen, mit einem Kartoffelschäler die Schale dünn abschälen und in feine Streifen schneiden. Die Schale in wenig Wasser 1 Minute blanchieren,
4. Vom Kochwasser der Schwarzwurzeln 1/4 l abmessen und mit den Zitronenschalen kochen. Dabei um die Hälfte einkochen lassen. Den Topf vom Herd nehmen und die eiskalte Butter in kleinen Stücken mit dem Schneebesen in die Brühe schlagen. Mit 2 Eßlöffel Zitronensaft, Muskat, Salz und Pfeffer würzig abschmecken.
5. Die abgetropften Schwarzwurzelstücke in der Sauce erhitzen. Die Petersilie waschen, fein hacken und über das Gemüse streuen.

Frikadellen mit Möhren

500 g Möhren/gelbe Rüben
Salz
100 g Quark
40 g Haferflocken
80 g geriebener Goudakäse
80 g gekochter Schinken
2 EL gemischte Frühlingskräuter (z.B. Kerbel, Dill, Minze, Schnittlauch)
Pfeffer
5 EL Sonnenblumenöl zum Braten

1. Die Möhren schälen oder schaben und in Stücke schneiden. Etwas Wasser mit Salz zum Kochen bringen und die Möhren darin in 10 Minuten nicht zu weich kochen. Auf einem Sieb abtropfen lassen.
2. Möhren und Quark im Mixer pürieren. Die Masse mit Haferflocken und Käse vermischen. Den Schinken in kleine Würfel schneiden und dazugeben. Die Frühlingskräuter untermischen

und die Masse mit Salz und Pfeffer würzen. Kleine Frikadellen daraus formen.
3. Das Öl in einer Pfanne erhitzen und die Frikadellen darin auf beiden Seiten knusprig braun braten.

Grüne Bohnen mit Tomaten und Speck

400 g grüne Bohnen
500 g Tomaten
2 mittelgroße Zwiebeln
1 Knoblauchzehe
100 g durchwachsener Räucherspeck
Salz
3 EL Öl
weißer Pfeffer aus der Mühle
1 EL feingehackte Petersilie
20 g Butter
1 TL Blättchen vom Bergbohnenkraut

1. Die Bohnen waschen, Spitzen und Stielansätze abschneiden, wenn nötig abfädeln. Die Tomaten einritzen, mit kochendem Wasser übergießen, die Haut abziehen. Tomaten in Stücke schneiden, dabei Stielansätze und Kerne entfernen. Zwiebeln und Knoblauchzehe schälen und fein hacken. Räucherspeck in kleine Würfel schneiden.
2. Die Bohnen in wenig gesalzenem Wasser zum Kochen bringen und in 20 Minuten garen. Auf ein Sieb gießen und abtropfen lassen.
3. Das Öl in einem Topf erhitzen, die Zwiebeln darin glasig braten. Speckwürfel zugeben und leicht mitbraten. Tomatenstücke unterrühren und ebenfalls mitschmoren. Mit Salz und Pfeffer würzen.
4. Die Butter in einem Topf erhitzen, die abgetropften Bohnen zusammen mit dem gehackten Knoblauch und dem Bohnenkraut hineingeben und erhitzen. Mit Salz und Pfeffer würzen.
5. Die Bohnen auf einer vorgewärmten Platte anrichten, die Tomatensauce darauf verteilen. Mit Salz- oder Pellkartoffeln essen.

Buntes Bohnengemüse

250 g getrocknete weiße Bohnen
250 g grüne Bohnen
Salz
1 große rote Zwiebel
1 Knoblauchzehe
2 EL Butter
100 ml Gemüsebrühe (aus dem Würfel)
1 TL Blättchen von Bohnenkraut
weißer Pfeffer aus der Mühle

1. Die weißen Bohnen waschen und über Nacht in Wasser einweichen. Am nächsten Tag zum Kochen bringen und garen. Auf einem Sieb abtropfen lassen.
2. Die grünen Bohnen waschen, Spitzen und Stielansätze abschneiden. Wenn nötig abfädeln und in 2 cm lange Stücke schneiden. Die Bohnen in wenig Wasser, dem etwas Salz zugesetzt ist, 10 Minuten kochen lassen. Abgießen und abtropfen lassen.
3. Zwiebel und Knoblauchzehe schälen und fein hacken. Die Butter in einem Topf erhitzen, Zwiebeln und Knoblauch darin glasig braten, die grünen Bohnen zugeben, kurz mitbraten und die Gemüsebrühe angießen. Die Bohnen weitere 10 Minuten bei schwacher Hitze kochen.
4. Die weißen Bohnen sowie das Bohnenkraut zugeben. Das Ganze erhitzen, mit Salz und Pfeffer abschmecken.

Ratatouille

1 große weiße Zwiebel
1 Knoblauchzehe
500 g Fleischtomaten
8 EL Olivenöl
1 dl Weißwein
1 dl Tomatensaft
1 Lorbeerblatt
einige Rosmarinnadeln
1 Thymianzweig, Salz
schwarzer Pfeffer aus der Mühle
je 1 rote und 1 gelbe Paprikaschote
500 g Auberginen
500 g Zucchini

1. Zwiebel und Knoblauchzehe schälen, Zwiebel in dicke Ringe, Knoblauch in Scheibchen schneiden. Die Tomaten einritzen, mit kochendem Wasser übergießen, die Haut abziehen. Die Früchte in Stücke schneiden, Kerne und Stielansätze dabei entfernen.
2. Zwei Eßlöffel Öl in einem großen feuerfesten Topf erhitzen, Zwiebeln und Knoblauch darin glasig werden lassen, die Tomatenstücke zugeben und kurz andünsten. Etwas von dem Weißwein und den Tomatensaft angießen. Lorbeerblatt, Rosmarinnadeln und den Thymianzweig zugeben. Salzen und pfeffern. Das Gemüse 15 Minuten kochen lassen.
3. Die Paprikaschoten waschen, halbieren, Stielansätze, Kerne und Scheidewände entfernen, die Hälften in Streifen schneiden. Auberginen und Zucchini waschen und in Scheiben schneiden. Auberginenscheiben mit etwas Salz bestreuen und entbittern.
4. 3 Eßlöffel Olivenöl erhitzen, die Paprikastreifen darin anbraten. Die Auberginenscheiben abwaschen und trockentupfen. Das restliche Öl in einem weiteren Topf erhitzen und die Auberginenscheiben zusammen mit den Zucchinischeiben unter Rühren anbraten, bis sie leicht gebräunt sind.

5. Sämtliche Gemüse in den Topf mit der Tomatensauce geben, den übrigen Wein angießen. Den Topf zugedeckt in den vorgeheizten Backofen (190°C) stellen und die Gemüse 2 Stunden schmoren lassen. Man kann dieses aus Frankreich stammende Gemüsegericht heiß oder kalt mit knusprigem Weißbrot genießen.

Tip

Da die Herstellung des Gemüsetopfes ziemlich zeitaufwendig ist, sollten Sie gleich die doppelte Menge herstellen und mehrmals davon essen. Man kann das Gemüse nämlich einige Tage aufheben. Es eignet sich als Beilage zum Fleisch ebenso wie als fleischloser Imbiß zwischendurch.

Erbsen mit Schinken

400 g ausgepalte Erbsen (tiefgekühlt)
100 g roher Schinken
2 Schalotten
1 EL Sonnenblumenöl
4 kleine Tomaten
Salz
schwarzer Pfeffer aus der Mühle
1 EL gehackte Minzeblättchen
1 EL feingehackte Petersilie

1. Die Erbsen antauen lassen. Schinken in Streifen schneiden, Schalotten schälen und fein hacken.
2. Das Öl erhitzen, Schinken, Schalotten und Erbsen darin anbraten und unter Zusatz von einigen Eßlöffeln Wasser 10-12 Minuten dünsten.
3. Die Tomaten einritzen, mit kochendem Wasser übergießen, die Haut abziehen. Tomaten in Stücke schneiden, Stielansätze und Kerne entfernen. Die Tomaten zum Erbsengemüse geben und noch 5 Minuten mitdünsten.
4. Das Gemüse mit Salz und Pfeffer würzig abschmecken. Zum Schluß die gehackten Kräuter untermischen. Zu diesem Ersengemüse paßt körniger Reis.

Blattspinat

1 kg Spinat
Salz
1 weiße Gemüsezwiebel
1 Knoblauchzehe
4 EL Olivenöl
schwarzer Pfeffer aus der Mühle
1 TL Zitronensaft
2 EL frisch geriebener Bergkäse

1. Den Spinat verlesen, gründlich waschen und in wenig Salzwasser kurz aufkochen und zusammenfallen lassen. Auf ein Sieb gießen und abtropfen lassen. Die Gemüsezwiebel und die Knoblauchzehe schälen und feinhacken.
2. Das Öl erhitzen, Zwiebeln und Knoblauch darin glasig werden lassen. Den gut abgetropften Spinat zugeben. Mit Salz, Pfeffer und Zitronensaft würzen. Blattspinat vorsichtig erhitzen.
3. Mit geriebenem Käse bestreut servieren.

Tip

Sie können den Spinat auch in eine feuerfeste Form geben, ihn mit einer Mischung aus dem geriebenen Käse und 2 Eßlöffeln Paniermehl bestreuen, kleine Butterflöckchen aufsetzen und das Gemüse kurz überbacken.

Spinatpfannkuchen

125 g Mehl
1/4 l Milch
1 Prise Salz
2 Eier
300 g Spinat
2 EL Butter
abgeriebene Muskatnuß
weißer Pfeffer aus der Mühle
50 g Parmesankäse

1. Mehl, Milch, Salz und Eier zu einem Eierkuchenteig verrühren und diesen 15 Minuten quellen lassen.
2. Spinat verlesen, gründlich waschen und dann einige Minuten kochen. Spinat auf ein Sieb gießen, abtropfen lassen und fein hacken.
3. 1 Teelöffel Butter in einem Topf schmelzen, den gehackten Spinat darin erhitzen. Mit Salz, Muskat und Pfeffer würzen.
4. In der restlichen Butter kleine Pfannkuchen backen, diese mit dem heißen Spinat belegen und mit dem geriebenen Käse bestreuen.

Sellerieschnitzel

1 Sellerieknolle (ca. 600 g)
Salz
schwarzer Pfeffer aus der Mühle
1 Ei
3 EL Sahne
2 EL Mehl
3 EL Paniermehl
Sonnenblumenöl zum Ausbacken

1. Die Sellerieknolle schälen und in schwach gesalzenem Wasser in etwa 40 Minuten garen. Aus dem Kochwasser nehmen, eiskalt abschrecken und in 1 cm dicke Scheiben schneiden. Mit etwas Pfeffer bestreuen.
2. Ei und Sahne miteinander verquirlen. Mehl und Paniermehl jeweils auf einen tiefen Teller geben. Die Selleriescheiben zuerst in Mehl, dann in der Ei-Sahne-Mischung wenden, anschließend in dem Paniermehl wälzen. Die Panade zwischen den Handflächen fest andrücken.
3. Das Öl erhitzen und die Selleriescheiben darin auf beiden Seiten goldgelb backen.

Bei uns daheim gibt es zu den knusprigen Gemüsescheiben eine feine Tomatensauce und Kartoffelbrei.

Saures Mangoldgemüse mit Knoblauch

750 g Mangold
2 Knoblauchzehen
2 EL Butter
Salz
schwarzer Pfeffer aus der Mühle
3 EL Crème fraîche
1 EL Rotweinessig

1. Den Mangold waschen, das Ende der Stengel abschneiden. Die Blätter von den Stielen zupfen. Stiele in Stücke schneiden. Die Knoblauchzehen schälen und in Scheibchen schneiden.
2. Die Butter in einem Topf erhitzen. Die Stücke von den Mangoldstielen zusammen mit dem Knoblauch in der Butter leicht anbraten und bei schwacher Hitze einige Minuten dünsten. Die Mangoldblätter zugeben, salzen, pfeffern und kurz mitdünsten.
3. Crème fraîche und Essig zugeben und mit dem Gemüse verrühren.

Das Mangoldgemüse paßt zu Bratkartoffeln, aber auch zu verschiedenen Fleischspeisen.

Zucchini-Champignon-Gratin

350 g Champignons
500 g Zucchini
3 EL Distelöl
Salz
weißer Pfeffer aus der Mühle
500 g gekochte Pellkartoffeln
2 Knoblauchzehen
Butter für die Form
1 TL Kümmel
2 Eigelb
100 ml Milch
100g Sahne
1 EL Thymianblättchen
1 EL Butter
100 g geriebener Emmentalerkäse

1. Die Champignons putzen, kurz unter fließendem Wasser waschen und in Scheiben schneiden. Die Zucchini waschen, abtrocknen, Stielansätze und Enden entfernen, die Früchte in Scheiben schneiden.
2. Das Öl in einer Pfanne erhitzen, die Pilz- und Zucchinischeiben darin unter Rühren 5 Minuten bei starker Hitze braten. Mit Salz und Pfeffer würzen.
3. Die Pellkartoffeln abziehen und in Scheiben schneiden. Knoblauchzehen schälen und fein hacken. Eine Auflaufform mit Butter ausstreichen. Die Kartoffeln hineinschichten, mit Kümmel bestreuen, leicht salzen und pfeffern. Darüber die angebratenen Pilz- und Zucchinischeiben verteilen.
4. Eigelb, Milch, Sahne und Thymian miteinander verquirlen und über die Gemüse gießen. Butterflöckchen daraufsetzen und den Emmentaler darüberstreuen.
5. Die Form in den vorgeheizten Backofen (200°C) setzen und das Gratin 25 Minuten überbacken. Mit einer großen Schüssel Blattsalat servieren.

Pilzreis mit Erbsen

1 Zwiebel
200 g Langkornreis
3 EL Sonnenblumenöl
1/4 l Wasser
1 TL gekörnte Gemüsebrühe
100 g ausgepalte Erbsen
250 g Champignons
100 g Shii-Take-Pilze
30 g Butter
weißer Pfeffer aus der Mühle
Salz
1 Bund Petersilie
1 Bund Kerbel

1. Die Zwiebel schälen und fein hacken. Den Reis auf einem Sieb unter fließendem Wasser waschen und gut abtropfen lassen.
2. Das Öl in einer Pfanne erhitzen, die Zwiebeln darin leicht anbraten. Den abgetropften Reis zugeben und einige Minuten unter Rühren mitbraten. Das Wasser angießen, zum Kochen bringen und den Reis bei schwacher Hitze in 20 Minuten ausquellen lassen. Nach der halben Garzeit die gekörnte Gemüsebrühe einrühren. Wenn nötig, noch etwas Wasser angießen.
3. Die Pilze putzen, kurz unter fließendem Wasser waschen, trockentupfen und in Scheiben schneiden.
4. Die Butter in einer zweiten Pfanne erhitzen, die Pilze darin unter Rühren so lange braten, bis die austretende Pilzflüssigkeit eingekocht ist. Mit Pfeffer und Salz würzen.
5. Die Pilze unter den inzwischen gegarten Reis mischen und das Gericht nochmals würzig abschmecken. Petersilie und Kerbel waschen, fein hacken und zwei Drittel der Kräuter unter den Reis mischen, die restlichen darüberstreuen.

Spaghetti mit Austernpilz-Ragout

250 g Spaghetti
Salz
400 g Austernpilze
250 g Porree
1 Knoblauchzehe
250 g Tomaten
4 EL Olivenöl
1 TL Oregano oder getrockneter Thymian
einige Rosmarinnadeln
schwarzer Pfeffer aus der Mühle
20 g Butter
50 g geriebener Hartkäse (z.B. Parmesan)

1. Spaghetti in reichlich Salzwasser bißfest kochen, abgießen und auf einem Sieb abtropfen lassen.
2. Die Austernpilze putzen, kurz unter fließendem Wasser waschen und mit Küchenpapier sorgfältig abwischen. Pilze in Stücke schneiden. Den Porree der Länge nach halbieren, gründlich waschen und in feine Streifen schneiden. Die Knoblauchzehe schälen. Tomaten einritzen, mit kochendem Wasser übergießen und die Haut abziehen. Tomaten in Stücke schneiden, dabei Kerne und Stielansätze entfernen.
3. Das Öl in einem Topf erhitzen. Pilze und Porree darin anbraten. Nach 5 Minuten Garzeit Knoblauch und Tomatenstücke zugeben. Das Gemüse mit Oregano, Rosmarin, Pfeffer und Salz würzen. In weiteren 5 Minuten garen.
4. Die Butter in einem Topf erhitzen, die abgetropften Spaghetti darin schwenken und in einer vorgewärmten Schüssel anrichten. Das Pilz-Porree-Ragout daraufgeben und das Gericht mit dem Käse bestreuen.

Kartoffeln überbacken

1 kg Kartoffeln
2 Knoblauchzehen
Butter für die Form
Salz
weißer Pfeffer aus der Mühle
abgeriebene Muskatnuß
50 g geriebener Hartkäse
60 g Butter
1/4 l Milch
100 g Sahne

1. Kartoffeln schälen, waschen und in gleichmäßig dünne Scheiben schneiden. Den Knoblauch schälen und sehr fein hacken.
2. Eine flache feuerfeste Form mit Butter ausstreichen, die Hälfte der Kartoffelscheiben dachziegelförmig hineinlegen, mit Salz, Pfeffer und Muskat bestreuen. Den gehackten Knoblauch, die Hälfte vom geriebenen Käse und von der Butter in Flöckchen darauf verteilen. Die restlichen Kartoffeln darüberschichten und ebenfalls würzen.
3. Die Milch mit der Sahne verrühren und über die Kartoffeln gießen.
4. Die Form mit Alufolie verschließen und in den vorgeheizten Backofen (180°C) stellen. Etwa 45 Minuten backen.
5. Die Folie abnehmen, die restliche Butter in Flöckchen und den übrigen Käse darauf verteilen. Die Form offen wieder in den Backofen stellen und bei 220°C weitere 15 Minuten backen. Die Oberfläche soll schön goldgelb und knusprig werden.

Tip
So werden die überbackenen Kartoffeln zum Hauptgericht: Das Gratin mit Champignons, Zucchinischeiben oder gedünsteten Mangoldstielen ergänzen. Wer es süß mag, sollte einmal probieren, Apfelscheiben zwischen die Kartoffeln zu legen. Dann fallen natürlich Käse und Knoblauch weg.

Ofenkartoffeln Erika

1 kg frische Kartoffeln
2 TL Kümmel
Salz
1 TL getrockneter Thymian
2 EL Butter

1. Kartoffeln unter fließendem Wasser sauber bürsten, abtrocknen und halbieren. Die Schnittflächen kreuz und quer einritzen. Die Kartoffelhälften mit der Schnittfläche nach oben auf ein Backblech legen.
2. Kümmel, Salz und Thymian mischen und auf die Schnittflächen streuen. Auf jede Kartoffel ein Stückchen Butter setzen.
3. Das Blech mit den Kartoffeln in den vorgeheizten Backofen (200°C) schieben und die Kartoffeln in etwa 40 Minuten garen.

Dazu gibt es einen Dip aus saurer Sahne, Schnittlauch und Kräutersalz.

Selbst die Erdäpfel
schmecken am besten,
wenn ma's der Sau gibt
und nacha d' Sau ißt.

Rauchemad aus dem Erzgebirge

1,5 kg Kartoffeln
Salz
Pfeffer
5 EL Leinöl
50 g durchwachsener Speck
1 EL Butter

1. Kartoffeln waschen und in der Schale kochen. Noch heiß abziehen und abkühlen lassen. Die Kartoffeln grob reiben und leicht ansalzen; wenig Pfeffer darüberstreuen.
2. Das Leinöl in einer Pfanne erhitzen. Den Speck in kleine Würfel schneiden und zugeben. Die geriebenen Kartoffeln als dicke Schicht über dem Speck verteilen und auf der Unterseite schön braun backen.
3. Die Rauchemad mit der gebratenen Seite nach oben auf einen Teller stürzen und noch einige Butterflöckchen darauf verteilen.

Spreewälder Kartoffelnudeln

1 kg Kartoffeln, 2 Eier
1 EL Kartoffelstärke
2 EL Mehl
1 EL Grieß, Salz
abgeriebene Muskatnuß
750 g Quark
Öl zum Braten
1 EL Butter
3 EL Paniermehl

1. Kartoffeln waschen, in der Schale nicht zu weich kochen. Noch heiß abziehen und durch die Kartoffelpresse in eine Schüssel drücken.
2. Eier, Kartoffelstärke, Mehl und Grieß dazugeben, mit Salz und Muskat würzen. Alles gut verrühren. Den Quark in den Kartoffelteig einarbeiten.
3. Aus dem Teig kleine, fingerdicke Nudeln formen. Reichlich Bratfett in einer Pfanne erhitzen und die Nudeln darin rundherum braten.
4. Butter in einer zweiten Pfanne erhitzen, das Paniermehl darin leicht anrösten und über die fertigen Kartoffelnudeln streuen.

Saures Kartoffelgemüse

1,5 kg Kartoffeln
1 EL Schmalz
3 EL Mehl
1/4 l Wasser oder Gemüsebrühe
1 Lorbeerblatt
1 kleine Zwiebel
2 Gewürznelken, Salz
2 EL Essig
1 Bund Petersilie
1 Bund Schnittlauch

1. Die Kartoffeln waschen, in der Schale kochen. Noch heiß abziehen und abkühlen lassen. In dünne Scheiben schneiden.
2. Das Schmalz in einem Topf erhitzen, das Mehl hineingeben und unter Rühren hellbraun anschwitzen. Mit Wasser oder Brühe ablöschen. Lorbeerblatt zugeben.
3. Die Zwiebel schälen und mit den Nelken spicken. Zwiebel in die Sauce geben, salzen und 10 Minuten mitkochen lassen.
4. Lorbeerblatt und gespickte Zwiebel entfernen. Die Kartoffelscheiben in die Sauce geben, vorsichtig umrühren und noch etwas ziehen lassen.
5. Petersilie und Schnittlauch waschen und trockentupfen. Die Petersilie fein hacken, Schnittlauch in Röllchen schneiden. Die Kräuter über das Kartoffelgemüse streuen.

Dieses einfache und preiswerte Alltagsgericht wurde früher meist mit mehr Fett zubereitet und machte dann entsprechend satt. In armen Familie kam es oft auf den Tisch.

Rahmkartoffeln

1 kg Kartoffeln
40 g Butter
Salz
2-3 Eier
100 g saure Sahne
1 Bund Petersilie
1 Bund Schnittlauch

1. Kartoffeln waschen und in der Schale kochen. Noch heiß abziehen, erkalten lassen und in Würfel schneiden.
2. Die Butter in einer Pfanne erhitzen und die Kartoffelwürfel darin braun braten. Mit Salz bestreuen.
3. Die Eier mit der sauren Sahne verrühren. Petersilie und Schnittlauch waschen, trockentupfen und fein hacken.
4. Die Eimasse gleichmäßig über die Kartoffeln gießen, die gehackten Kräuter darüberstreuen. Kartoffeln unter mehrmaligem Wenden so lange braten, bis das Ei gestockt ist.

Pellkartoffeln mit Quark

Für dieses schlichte und gesunde Gericht, das heute im Zeichen der gesunden Ernährung wieder neue Wertschätzung genießt, gibt es zahlreiche Abwandlungen, von denen hier nur einige genannt werden sollen. Ein fast unerschöpfliches Thema mit Variationen:

1. Quark mit Leinöl verrühren und mit Salz und Pfeffer abschmecken
2. Etwas Milch oder Sahne an den Quark geben, gut verrühren und viele feingehackte Kräuter untermischen
3. Quark mit Kümmel und feingehackten Frühlingszwiebeln mischen
4. Einige kleine Käsewürfel und Schnittlauchröllchen in den Quark rühren
5. Speckwürfel und Zwiebelringe in etwas Öl oder Butter knusprig braun braten und unter den Quark mischen

Folienkartoffeln mit Käsecreme

8 große, mehligkochende Kartoffeln
100 g Quark
50 g Gorgonzolakäse
4 EL saure Sahne
etwas Zitronensaft
Salz
Pfeffer
2 EL gemischte, feingehackte Kräuter

1. Die Kartoffeln unter fließendem Wasser sauber bürsten und abtrocknen. Jede Kartoffel auf ein quadratisches Stück Alufolie legen und fest einpacken. Die Päckchen auf den Backrost des vorgeheizten Backofens (220°C) geben und in 50 Minuten garen.
2. In der Zwischenzeit Quark, Gorgonzola und saure Sahne zu einer cremigen Masse rühren. Mit Zitronensaft, Salz und Pfeffer würzen. Die Kräuter unter die Quarkcreme mischen.
3. Die garen Kartoffeln aus dem Backofen nehmen, die Folie aufklappen, die Kartoffeln kreuzweise einschneiden und auseinanderdrücken. In die Rillen die würzige Quarkcreme geben.

Folienkartoffeln sind eine kräftige Beilage zum Fleisch oder Fisch, aber auch als fleischloses Gericht mit Salat oder als Imbiß zwischendurch geeignet.

Kartoffelpuffer

500 g mehligkochende Kartoffeln
Salz
2 Eier
50 g Mehl
2 EL Sahne
abgeriebene Muskatnuß
1 EL Schnittlauchröllchen
Butter zum Braten

1. Die Kartoffeln schälen, halbieren und in wenig Salzwasser garen. Abgießen und gut trocknen lassen. Kartoffeln durch die Kartoffelpresse drücken.
2. Die Eier trennen. Eigelbe, Mehl, Sahne und Muskat unter die Kartoffeln rühren. Die Eiweiße zu steifem Schnee schlagen und zusammen mit den Schnittlauchröllchen unter den Teig ziehen.
3. Die Butter in einer Pfanne erhitzen. Löffelweise kleine Teighäufchen in die Pfanne setzen und flach drücken. Auf beiden Seiten goldgelb braten.

Tip
Bei uns in Bayern heißen Kartoffelpuffer „Reiberdatschi", und sie werden aus rohen geriebenen Kartoffeln gemacht. Man kann Apfelmus oder Sauerkraut dazu essen.

Kartoffelgulasch

600 g festkochende Kartoffeln
2 große Zwiebeln
50 g durchwachsener Räucherspeck
2 EL Öl, Salz
schwarzer Pfeffer aus der Mühle
2 TL edelsüßes Paprikapulver
1/2 TL Kümmel
1/4 l Fleisch- oder Gemüsebrühe (aus dem Würfel)
3 EL saure Sahne
1 EL feingehackte Petersilie

1. Kartoffeln schälen, waschen und in Würfel schneiden. Zwiebeln schälen und fein hacken. Den Speck fein würfeln.

2. Das Öl in einem Topf erhitzen, Speck und Zwiebeln hineingeben und unter Rühren anbraten. Die Kartoffeln zugeben, kurz mitbraten, mit Salz, Pfeffer, Paprika und Kümmel würzen. Die Brühe angießen. Die Kartoffeln in 20 Minuten garen.
3. Saure Sahne ins Kartoffelgulasch rühren und das Gericht mit feingehackter Petersilie bestreuen.

Schwäbische Röstkartoffeln

1 kg festkochende Kartoffeln
1 Zwiebel
50 g Schmalz
1 TL Majoran
Salz
Pfeffer

1. Kartoffeln bürsten und in der Schale gar kochen. Noch heiß abziehen und abkühlen lassen.
2. Kalte Kartoffeln in Scheiben schneiden. Die Zwiebel schälen und fein hacken.
3. Das Schmalz in einer Pfanne erhitzen, die Zwiebeln darin goldgelb braten.
4. Die Kartoffelscheiben zugeben, mit Majoran, Salz und Pfeffer würzen. Die Kartoffeln kurz anbraten und dann wenden, damit die Zwiebeln oben sind und nicht verbrennen können. Sobald die Kartoffeln auf der Unterseite knusprig braun sind, nochmals wenden.
Zu diesem Freitagsgericht ißt man am liebsten ein Spiegelei.

Kartoffelauflauf

750 g Kartoffeln
Salz
2 dicke Stangen Porree/Lauch
1 Knoblauchzehe
1/4 l Milch
100 g geriebener Hartkäse
2 EL Butter

1. Die Kartoffeln schälen, vierteln und in wenig Salzwasser nicht zu weich kochen. Abkühlen lassen.
2. Den Porree putzen, der Länge nach halbieren und gründlich waschen. Die Stangen in kleine Stücke schneiden und 5 Minuten in kochendem Salzwasser blanchieren. Auf ein Sieb gießen und abtropfen lassen.
3. Die Knoblauchzehe schälen und fein hacken. Abgekühlte Kartoffeln in Scheiben schneiden. Mit dem Porree, dem Knoblauch, der Milch und etwas Salz in einer Auflaufform mischen. Den Käse darüberstreuen und die Butter in Flöckchen aufsetzen.
4. Die Form in den vorgeheizten Backofen (220°C) stellen und solange backen, bis der Käse goldgelb ist. Dazu gibt es eine große Schüssel gemischten Salat.

Kartoffellied

Pasteten hin, Pasteten her,
Was kümmern uns Pasteten?
Die Kumme hier
ist auch nicht leer
Und schmeckt so gut
als bonne chère
Von Fröschen und von Kröten.

Und viel Pastet und Leckerbrot
Verdirbt nur Blut und Magen;
Die Köche kochen lauter Not,
Sie kochen uns viel eher tot;
Ihr Herren, laßt euch sagen!

Schön rötlich die Kartoffeln sind
Und weiß wie Alabaster;
Sie däun sich lieblich
und geschwind
Und sind für Mann
und Frau und Kind
Ein rechtes Magenpflaster.

(Matthias Claudius)

Bouillonkartoffeln

750 g festkochende Kartoffeln
2 Möhren/gelbe Rüben
50 g Sellerieknolle
1 Stange Porree
1 l Fleisch- oder Gemüsebrühe
(aus Würfeln)
5 Petersilienstengel
5 schwarze Pfefferkörner
2 Gewürznelken
1 Lorbeerblatt, Salz
1 EL Butter
1 TL Thymianblättchen

1. Kartoffeln, gelbe Rüben und Sellerie waschen, schälen und in Würfel schneiden. Den Porree putzen, der Länge nach halbieren und gründlich waschen. In feine Ringe schneiden.
2. Alle Gemüse mit der Brühe in einen Topf geben, gewaschene Petersilienstengel, Pfefferkörner, Gewürznelken und Lorbeerblatt zugeben und das Ganze etwa 20 Minuten zugedeckt kochen lassen.
3. Petersilienstengel, Gewürznelken und Lorbeerblatt aus dem Gemüse nehmen. Die Bouillonkartoffeln mit Salz abschmecken, mit der Butter verrühren und mit den Thymianblättchen oder anderen würzigen Kräutern bestreuen.

Oberbayerische Kartoffelküchlein

70 g Butter
3 Eier
500 g gekochte und geriebene Kartoffeln
1 EL Mehl
Salz
1 EL saure Sahne
Mehl für das Backbrett
Öl oder Schmalz zum Ausbacken

1. Die Butter schaumig rühren und die Eier daruntermischen. Geriebene Kartoffeln und Mehl zugeben, mit Salz würzen und die saure Sahne untermischen.
2. Auf dem bemehlten Backbrett den Teig gut durchkneten, wenn nötig, noch etwas Mehl zugeben. Den Teig messerrückendick ausrollen und runde Küchlein ausstechen.
3. Reichlich Fett in einer schweren Pfanne erhitzen und die Küchlein darin von beiden Seiten goldbraun ausbacken.

Sie können übrigen auch süße Kartoffelküchlein zubereiten, wenn Sie, statt mit Salz zu würzen, etwas Zucker in den Teig geben. Dann schmecken Apfelkompott oder gedünstete Birnen gut dazu.

Käskartoffeln

1 kg Kartoffeln
1/2 l Milch
Salz
200 g Emmentalerkäse

1. Die Kartoffeln schälen, waschen und in größere Würfel schneiden. In einen Topf geben, Salz und soviel Milch zufügen, daß die Kartoffelstücke ganz bedeckt sind. 20 Minuten bei schwacher Hitze zugedeckt kochen.
2. Den geriebenen Käse auf die Kartoffeln streuen und die Käskartoffeln noch 5 Minuten weiterkochen. Sie werden mit grünem Salat gegessen.

Kartoffelküchle aus dem Badischen

1 kg in der Schale gekochte Kartoffeln
250 g gekochter Schinken
1 große Zwiebel
1 Bund Petersilie
2 EL Mehl
3 Eier
Salz
Pfeffer
Fett zum Ausbacken

1. Die Kartoffeln abziehen und in Stücke schneiden. Den Schinken würfeln. Die Zwiebel schälen und grob hacken. Petersilie waschen, trockentupfen und kleinschneiden.
2. Kartoffeln, Schinken, Zwiebeln und Petersilie durch den Fleischwolf drehen.
3. Mehl und Eier in den Kartoffelteig rühren. Mit Salz und Pfeffer würzen. Den Teig gut verkneten. Bei Bedarf noch etwas Mehl zufügen.
4. Reichlich Fett in einer Pfanne erhitzen, kleine Küchle formen und diese im heißen Fett knusprig braun werden lassen.

In Baden ißt man dazu mit Vorliebe Sauerkraut.

Süßes Erdäpfelmus mit Rahm

5 gekochte Pellkartoffeln vom Vortag
6 Eier
1/2 l saure Sahne
1 EL Zucker oder Honig
abgeriebene Zitronenschale (unbehandelt)
Butter für die Form

1. Die Pellkartoffeln abziehen und fein reiben. Die Eier trennen. Die Kartoffelmasse und die Eigelbe verrühren. Die saure Sahne, Zucker und Zitronenschale zufügen.
2. Die Eiweiße zu steifem Schnee schlagen und unter die Masse ziehen.
3. Eine Auflaufform mit Butter ausstreichen und den Kartoffelteig einfüllen. Im vorgeheizten Backofen (200°C) so lange backen, bis die Oberfläche schön goldbraun ist.

—◆—

„Herr Pfarrer",
sagt die Köchin, „heier san
uns sovui Kartoffe übrigbliem.
Schaff ma uns a Sau o oder
nehma an Koprater!"

Nudeln und Knödel

Schwäbische Maultaschen

300 g Weizenmehl
4 Eier
Salz
2-3 EL Wasser
200 g Spinat
3 dicke Zwiebeln
80 g Butter
1 EL feingehackte Petersilie
200 g Hackfleisch vom Rind
abgeriebene Muskatnuß
2 EL Paniermehl

1. Das Mehl auf ein Backbrett sieben, in der Mitte eine Vertiefung machen. 2 Eier, Salz und lauwarmes Wasser zugeben. Die Zutaten zu einem geschmeidigen Teig verkneten. Bei Bedarf noch etwas Wasser zugeben. Den Teig messerrückendünn ausrollen.
2. Für die Füllung den Spinat verlesen, waschen, kurz in wenig kochendem Wasser blanchieren und gut abtropfen lassen. Die abgekühlten Spinatblätter fein hacken. Die Zwiebeln schälen, eine davon fein hacken, die anderen in Ringe schneiden.
3. 30 g Butter in einer Pfanne erhitzen, die feingehackte Zwiebel und die Petersilie darin unter Rühren anbraten. Zwiebeln und Petersilie mit dem Hackfleisch, dem Spinat, den übrigen Eiern, Salz, Muskat und Paniermehl zur Füllung vermischen.
4. Auf die Hälfte der Teigplatte im Abstand von 6 x 6 cm jeweils einen Teelöffel von der Füllung geben. Die Zwischenräume mit Wasser bestreichen. Die nicht belegte Teighälfte darüberschlagen. Zwischenräume fest andrücken. Mit einem Teigrädchen Vierecke ausradeln, diese kurze Zeit ruhen lassen.
5. In einem großen Topf gesalzenes Wasser zum Kochen bringen und die Maultaschen darin 8 Minuten mehr ziehen als kochen lassen.
6. Die restliche Butter erhitzen und die Zwiebelringe darin hellbraun anlaufen lassen. Maultaschen aus dem Kochwasser heben, abtropfen lassen, in einer Schüssel anrichten und die gebräunten Zwiebeln darauf verteilen. Nach Wunsch mit geriebenem Käse essen.
Dazu paßt ein großer gemischter Salat.

Spätzle

*500 g Mehl
3 Eier, Salz
1/4 l Wasser
1 EL Öl*

1. Mehl, Eier, Salz und Wasser zu einem glatten, geschmeidigen Teig verarbeiten, der nicht zu fest sein darf.
2. In einem großen Topf gesalzenes Wasser erhitzen, das Öl hineingeben. Portionsweise etwas Teig auf ein mit kaltem Wasser abgespültes Holzbrett geben und mit dem Spätzleschaber oder einem Messer die Spätzle ins kochende Wasser schaben. Das Wasser dabei ständig am Kochen halten. Sobald die Spätzle an die Oberfläche steigen, können sie auf ein Sieb gegossen werden.

Hier handelt es sich um das Grundrezept für Spätzle, die man übrigens auch durch den Spätzleseiher (eine Art Sieb) drücken kann; dann bekommt man die runden sogenannten Knöpflesspätzle.

Kässpätzle

*500 g Mehl
5 Eier
Wasser
Salz
300 g geriebener Emmentalerkäse
1 dicke Zwiebel
60 g Butterschmalz*

1. Aus dem Mehl, den Eiern, etwas Wasser und Salz einen geschmeidigen, nicht zu festen Teig rühren.
2. In einem großen Topf gesalzenes Wasser zum Kochen bringen und den Spätzleteig mit dem Spätzleschaber oder Spatzenhobel hineinhobeln. Sprudelnd kochen lassen, bis die Spätzle nach oben steigen.
3. Mit einem Schaumlöffel aus dem Wasser heben und in warmem Wasser schwenken. Anschließend abtropfen lassen.
4. Die Spätzle in eine vorgewärmte Schüssel geben und den Käse dazwischen- und darüberstreuen. Zugedeckt warm halten.
5. Die Zwiebel schälen und in Ringe schneiden. Butterschmalz in einer Pfanne erhitzen, die Zwiebelringe darin anbräunen. Geschmalzene Zwiebeln über den Kässpätzle verteilen.

◄─◊─

Der echte Schwabe hat:
montags Nudle, dienstags
Hutzle, mittwochs Knöpfle,
donnerstags Spätzle,
freitags gedämpfte Grundbirn,
samstags Pfannkuchen,
sonntags Brätle und Salätle.
(Weber: Demokrit, 1843)

◄─◊─

93

Schwäbische Sauerkrautspätzle

Die Spätzle werden nach dem Grundrezept auf Seite 93 zubereitet. Dann dünstet man 500 g Sauerkraut mit etwas Schmalz, Speckwürfeln, Salz und Pfeffer. Abwechselnd eine Lage Spätzle und Sauerkraut in eine Schüssel schichten. Obenauf kommen Zwiebelringe von 2 großen Zwiebeln, die in Schmalz oder Butterschmalz schön gebräunt sind.

Badische Quarkspatzen

500 g Magerquark
200 g Grieß
4 Eier
Salz
50 g Butter
100 g geriebener Emmentalerkäse

1. Quark, Grieß, Eier und Salz in einer Schüssel gut verrühren. Den Teig dann 1 Stunde stehen lassen, damit der Grieß quellen kann.
2. In einem großen Topf gesalzenes Wasser zum Kochen bringen. Von dem Grießteig mit zwei Teelöffeln walnußgroße Spatzen abstechen und ins kochende Wasser geben. Die Spatzen etwa 15 Minuten mehr ziehen als kochen lassen.
3. Mit dem Schaumlöffel herausheben, abtropfen lassen und warm stellen. Die Butter in einer Pfanne erhitzen und die Spatzen darin schwenken. Mit dem geriebenen Käse bestreuen.

Wer Quarkspatzen lieber süß mag, läßt den Käse weg und bestreut sie mit Zimtzucker. Dazu schmeckt dann Apfelkompott.

Krautkrapfen aus dem Schwarzwald

500 g Mehl
5 Eier
Salz
500 g Sauerkraut
schwarzer Pfeffer aus der Mühle
1/2 TL Kümmel
1 große Zwiebel
50 g Butterschmalz

1. Aus Mehl, Eiern, Salz und wenn nötig etwas Wasser einen festen Nudelteig zubereiten. Aus dem Teig 10 cm breite und 40 cm lange Flecken ausrollen.
2. Das Sauerkraut in kleine Stücke schneiden und damit die Flecken belegen. Mit Pfeffer, Salz und Kümmel würzen. Die Flecken locker einrollen.
3. Die Zwiebel schälen und fein hacken. In einem Schmortopf das Butterschmalz erhitzen, die Zwiebeln darin unter Rühren anbräunen und die eingerollten Flecken darauflegen. Zugedeckt etwa 20 Minuten bei schwacher Hitze dünsten.
4. Die Krapfen umdrehen und auf der anderen Seiten nochmals 10 Minuten dünsten. Sie sollen schön braun werden und schmecken gut mit einer großen Portion Salat.

Fingernudeln aus Kartoffelteig

1 kg Kartoffeln
200 g rohes Sauerkraut
1 große Zwiebel
200 g Räucherspeck
6 EL Sonnenblumenöl
4 EL saure Sahne
60 g Kartoffelmehl
Salz
schwarzer Pfeffer aus der Mühle
abgeriebene Muskatnuß
1 Bund Petersilie

1. Kartoffeln waschen und in der Schale kochen. Noch heiß abziehen und durch die Kartoffelpresse drücken.
2. Das Sauerkraut fein schneiden. Die Zwiebel schälen und fein hacken. Den Speck würfeln.
3. Ein Eßlöffel Öl in einer Pfanne erhitzen, Zwiebeln und Speck darin leicht anbraten.
3. In einer großen Schüssel die durchgepreßten Kartoffeln, das Sauerkraut, die Zwiebel-Speck-Mischung, saure Sahne, Kartoffelmehl, Salz, Pfeffer und Muskat gut vermischen. Die Petersilie waschen, fein hacken und zum Kartoffelteig geben.
4. Den Teig zu einer Rolle formen, kleine Scheiben davon abschneiden und zu fingerförmigen Nudeln formen.
5. Das restliche Öl in einer Pfanne erhitzen, die Fingernudeln darin rundherum knusprig goldbraun braten.

LOBLIED AUF DIE KARTOFFEL

Weise in der schwäbischen Fassung

1. Her-bei, her-bei zu meinem Sang, Hans-jör-gel, Mi-chel, Stof-fel, und singt mit mir das fro-he Lied dem Stif-ter der Kar-tof-fel. Hei-di, hei-da, Kar-tof-feln aus A-me-ri-ka, hei-di, hei-da, Kar-tof-feln in der Schal.

2. Franz Drake hieß der brave Mann, der vor zweihundert Jahren von England nach Amerika als Kapitän gefahren. Heidi, heida, ...
3. Salat davon, gut angemacht, mit Feldsalat durchschossen, der wird mit großem Appetit von jedermann genossen. Heidi, heida, ...
4. Gebraten schmecken sie recht gut, gesotten nicht viel minder; Kartoffelklöße essen gern die Eltern und die Kinder. Heidi, heida, ...
5. Von Straßburg bis nach Amsterdam, von Stockholm bis nach Brüssel kommt Johann zu der Abendsupp mit der Kartoffelschüssel. Heidi, heida, ...

Friedrich Sautter 1766-1846

Kartoffelnocken

500 g rohe Kartoffeln
500 g gekochte Pellkartoffeln
2 Eier
2 EL Mehl
4 EL Sahne
Salz
Fett zum Ausbacken

1. Rohe Kartoffeln schälen und reiben, gekochte Kartoffeln abziehen und durch die Kartoffelpresse drücken.
2. Rohe und gekochte Kartoffeln mit Eiern, Mehl, Sahne und Salz mischen.
3. Bratfett in einer Pfanne erhitzen. Mit einem Löffel kleine Nocken abstechen und diese im heißen Fett rundherum hellbraun ausbacken.

Ein Freitagsgericht, daß man noch mit verschiedenen Gemüsen anreichern kann. Kartoffelnocken passen aber auch zu einem Stück Fleisch.

Essignudeln

200 g Bandnudeln
Salz
2 EL Rotweinessig
4 EL kaltgepreßtes Oliven- oder Sonnenblumenöl
1 TL Zucker
schwarzer Pfeffer aus der Mühle
1 Prise getrockneter Oregano

1. Die Nudeln in leicht gesalzenem Wasser nicht zu weich kochen, auf ein Sieb gießen und abtropfen lassen.
2. Aus Essig und Öl sowie Zucker, Pfeffer, Oregano und Salz eine Marinade rühren und diese über die gut abgetropften, lauwarmen Nudeln gießen.

Sie können dieses schnelle Gericht, das zu den Lieblingsspeisen meiner Söhne gehört, auch noch mit gehackten Kräutern (z.B. Basilikum, Petersilie, Kerbel) verfeinern.

Schwammerlnudeln

250 g Bandnudeln
Salz
125 g gemischte Pilze
1 große Zwiebel
50 g Räucherspeck
40 g Butter
schwarzer Pfeffer aus der Mühle

1. Die Bandnudeln in leicht gesalzenem Wasser nicht zu weich kochen; sie sollen noch Biß haben. Auf ein Sieb gießen und abtropfen lassen.
2. Die Pilze putzen, kurz unter fließendem Wasser waschen, trockentupfen und in Scheiben schneiden. Die Zwiebel schälen und fein hacken. Räucherspeck in kleine Würfel schneiden.
3. Die Butter in einer Pfanne erhitzen, Zwiebeln und Speck darin unter Rühren anbraten, die Pilzscheiben zugeben und so lange mitbraten, bis die austretende Pilzflüssigkeit eingekocht ist. Mit Salz und Pfeffer würzig abschmecken.
4. Die gekochten Nudeln in den gedünsteten Pilzen erhitzen und sofort servieren.

Sie können auch einige Eßlöffel saure Sahne oder geriebenen Käse dazugeben.

◄O►

Ja, a solchene Köchin hab i nia
no net kennt, de's ganze Jahr koa
Haferl bricht und nix vabrennt.

◄O►

Gefüllte Klöße

500 g rohe Kartoffeln
500 g Pellkartoffeln vom Vortag
3 EL Mehl
2 Eier
abgeriebene Muskatnuß
Salz
1 Zwiebel
1 Bund Petersilie
100 g Butter
250 g Hackfleisch vom Rind
schwarzer Pfeffer aus der Mühle
1 EL Paniermehl
1 EL Schnittlauchröllchen

1. Die rohen Kartoffeln schälen, waschen, fein reiben und in einem Tuch auspressen. Die gekochten Kartoffeln reiben.
2. Kartoffeln, Mehl, Eier, Muskat und Salz zu einem Teig verkneten. Zugedeckt für 30 Minuten in den Kühlschrank stellen.
3. Inzwischen die Zwiebel schälen, Petersilie waschen; beides fein hacken. 20 g Butter in einer Pfanne erhitzen, Zwiebeln und Petersilie darin leicht anrösten, anschließend mit dem Hackfleisch verkneten; den Fleischteig etwas salzen und pfeffern.
4. Den kühlen Kartoffelteig zu einer Rolle formen, diese in 8 Scheiben schneiden. Jede Scheibe flachdrücken, mit dem Hackfleisch füllen und zu einem runden Kloß verschließen.
5. In einem großen Topf reichlich gesalzenes Wasser zum Kochen bringen. Die Klöße einlegen und bei schwacher Hitze 25 Minuten mehr ziehen als kochen lassen. Herausheben und abtropfen lassen.
6. Die restliche Butter erhitzen, das Paniermehl darin leicht bräunen, die Schnittlauchröllchen daruntermischen. Über die heißen Klöße geben.

Kartoffelklöße als Beilagen zu Fleisch und Sauce werden genauso zubereitet; nur läßt man die Füllung weg. Statt dessen gibt man nach Geschmack geröstete Semmelwürfel hinein. Übriggebliebene Klöße ohne Füllung schmecken auch in Scheiben geschnitten und geröstet.

Abgeschmalzte Knödel

4 kalte, gekochte Knödel
2 EL Butterschmalz
1 große Zwiebel
Salz
schwarzer Pfeffer aus der Mühle

1. Die Knödel halbieren und in dünne Scheiben schneiden.
2. 1 Eßlöffel Butterschmalz in einer großen Pfanne erhitzen, die Knödel darin auf beiden Seiten knusprig braun braten.
3. Die Zwiebel schälen und in Ringe schneiden. Das restliche Öl erhitzen und die Zwiebeln darin unter Rühren bräunen. Mit Salz und Pfeffer würzen. Zwiebeln auf den Knödelscheiben anrichten.

Besonders gut paßt Krautsalat mit Speckwürfeln und Kümmel zu den abgeschmalzten Kartoffelknödeln.

Spinatknödel

250 g altbackene Semmeln
100 ml Milch
2 Eier
abgeriebene Muskatnuß
Salz
200 g Spinat
1 Knoblauchzehe
75 g Butter
schwarzer Pfeffer aus der Mühle
2 EL geriebener Käse (z.B. Bergkäse oder Emmentaler)

1. Die Semmeln zuerst in Scheiben, dann in kleine Würfel schneiden. Milch und Eier verquirlen und über die Semmelwürfel gießen. Mit Muskat und Salz würzen. Eine Viertelstunde durchziehen lassen.
2. Spinat verlesen, gründlich waschen und tropfnaß in einen Topf geben. Spinat zum Kochen bringen, zusammenfallen lassen und auf ein Sieb gießen. Abgetropften Spinat fein hacken. Knoblauch schälen und ebenfalls fein hacken.
3. 1 Teelöffel Butter erhitzen, Knoblauch und Spinat darin schwenken. Mit Salz und Pfeffer würzen. Den Spinat zu den eingeweichten Semmeln geben. Den Teig gut durchmischen. Falls er nicht fest genug ist, etwas Mehl hineinarbeiten.
4. In einem großen Topf reichlich Wasser zum Kochen bringen. Aus der Teigmasse nicht zu große Knödel formen und vorsichtig ins kochende Wasser einlegen. Die Knödel etwa 10-12 Minuten mehr ziehen als kochen lassen.
5. Garprobe machen. Die fertigen Knödel aus dem Wasser heben, abtropfen lassen und auf einem vorgewärmten Teller anrichten. Mit dem geriebenen Käse bestreuen. Restliche Butter schmelzen und sehr heiß über die Knödel gießen.

Geschwollene Gans

4 altbackene Semmeln
2 Scheiben Graubrot
150 g Tilsiterkäse
1/2 l Wasser
Salz
weißer Pfeffer aus der Mühle
1 große Zwiebel
50 g Butter

1. Die Semmeln, das Graubrot und den Käse in kleine Würfel schneiden und schichtweise in eine Schüssel geben.
2. Das Wasser mit Salz und Pfeffer zum Kochen bringen und über die Brot- und Käsewürfel gießen. 10 Minuten durchziehen lassen.
3. Die Zwiebel schälen, fein hacken und in der erhitzten Butter goldbraun rösten.
4. Einen passenden Teller in die Schüssel mit der Brot-Käse-Masse legen und das überschüssige Wasser abgießen; dabei mit dem Teller leicht andrücken. Die gebräunten Zwiebelringe auf der „geschwollenen Gans" verteilen.

Andernorts in Bayern bereitet man dieses traditionelle Holzknechtsgericht nicht mit Semmeln und Brot, sondern mit gekochten, in Würfel geschnittenen Kartoffeln. Die kommen schichtweise mit dem Käse in eine Auflaufform und werden so lange ins Backrohr gestellt, bis der Käse geschmolzen ist. Dann verteilt man die gerösteten Zwiebeln darauf.
Eigentlich ist dieses Gericht ein Armeleutessen. Früher bereitete man es mit würzigem Almkäse. Der bestand aus gewürztem Topfen (Quark), den man zu kleinen Kugeln formte, in Pfeffer wälzte und wochenlang trocknete. Er konnte dann in das Gericht gerieben werden.

D'Knödl san rund,
d'Knödl san hoaß
d'Knödl san gsund,
guat, daß i des woaß.

Semmelknödel

10 Semmeln vom Vortag
Salz
1/4 l Milch
1 kleine Zwiebel
2 Bund Petersilie
1 EL Butter
4 Eier

1. Die Semmeln zuerst in Scheiben, dann in Würfel schneiden. In eine Schüssel geben, salzen und die warme Milch darübergießen.
2. Die Zwiebel schälen, die Petersilie waschen, beides fein hacken. Die Butter in einer Pfanne erhitzen, die Zwiebeln und die Petersilie darin kurz anbraten. Beides zu den Semmeln geben.
3. Die Eier ebenfalls zugeben und alle Zutaten gut miteinander verarbeiten. Aus dem Teig mit nassen Händen mittelgroße Knödel formen.
4. In einem großen Topf schwach gesalzenes Wasser zum Kochen bringen. Die Knödel vorsichtig einlegen und bei schwacher Hitze 20 Minuten ziehen lassen.
5. Einen Knödel herausheben und die Garprobe machen. Die fertig gekochten Knödel aus dem Wasser heben und in eine vorgewärmte Schüssel geben.

Eine Variante der Semmelknödel sind die Teigknödel. Für sie röstet man die Semmelwürfel in reichlich Schmalz knusprig braun. Dann bereitet man aus 300 g Mehl, 3 Eiern, etwas Salz und knapp 1/2 l Wasser einen Teig, mischt diesen mit den gerösteten Semmelwürfeln und formt große Knödel.

Knödel sind eine gute Beilage zu vielerlei Fleischgerichten, können aber auch anderweitig verwendet werden.

Essigknödel

4 kalte, gekochte Knödel
2 EL Essig
4 EL Öl
1 Prise Zucker
Salz
schwarzer Pfeffer aus der Mühle
1 TL Schnittlauchröllchen

1. Die Knödel halbieren und in dünne Scheiben schneiden. Auf einem Teller anrichten.
2. Aus Essig, Öl, Zucker, Salz und Pfeffer eine Marinade rühren und die Knödelscheiben damit übergießen. Mit Schnittlauchröllchen bestreuen.

Geröstete Knödel mit Ei

4 kalte, gekochte Knödel
2 EL Butter
2 Eier
Salz
1 EL Petersilie

1. Die Knödel halbieren und in Scheiben schneiden.
2. Die Butter in einer großen Pfanne erhitzen, die Knödelscheiben darin auf beiden Seiten knusprig braun rösten.
3. Eier und Salz verquirlen, die Petersilie unterrühren. Die Eier über die Knödel gießen und unter mehrfachem Wenden stocken lassen.

Dazu schmeckt eine große Portion Blattsalat.

―◦―

Und sunst iß i sechs Knödl,
fallt a Fasttag aba ei,
na iß i grad fünfe,
aba größa müssens sei!

―◦―

Brotaufstrich mit Kartoffeln

500 g Kartoffeln
1 Zwiebel
2 EL Joghurt, Salz
schwarzer Pfeffer aus der Mühle
1 TL edelsüßes Paprikapulver
1 EL Schnittlauchröllchen

1. Die Kartoffeln waschen, in der Schale kochen und kalt werden lassen. Die Zwiebel schälen, Kartoffeln abziehen.
2. Die kalten Kartoffeln und die Zwiebel fein reiben und mit den übrigen Zutaten vermischen. Auf frisches Bauernbrot streichen.

's Essen rutscht grad so leicht
eini wia d'Erbsünd

Warme Aufstrichsemmeln

150 g Schinken
1 Zwiebel
geriebener Emmentalerkäse
1 EL scharfer Senf
1 EL Tomatenketchup
2 Eier
schwarzer Pfeffer aus der Mühle
Salz
6 Semmeln
1 EL feingehackte Petersilie

1. Den Schinken in Stücke schneiden, die Zwiebel schälen und hacken. Beides zusammen mit dem Käse, dem Senf, dem Ketchup und den Eiern in den Mixer geben und pürieren. Die Masse mit Pfeffer und Salz würzig abschmecken.
2. Die Semmeln auseinanderschneiden, die Paste etwa 1 cm dick daraufstreichen. Die Semmelhälften auf den Rost in den vorgeheizten Backofen (190°C) legen und 10 Minuten überbacken. Der Aufstrich soll goldgelb sein.

Dazu passen saure Gurken oder Mixed Pickles.

Oobazta mit Laugenbrezen

125 g reifer Camembert
60 g Doppelrahm-Frischkäse
20 g Butter
Salz
schwarzer Pfeffer aus der Mühle
1 TL edelsüßes Paprikapulver
1/2 TL Kümmel
1 Zwiebel
1 Bund Schnittlauch
1 EL Bier

1. Camembert, Frischkäse und Butter mit der Gabel zerdrücken und miteinander verrühren. Mit Salz, Pfeffer, Paprikapulver und Kümmel würzen.
2. Die Zwiebel schälen und sehr fein hacken. Schnittlauch waschen und in feine Ringe schneiden. Zwiebel und Schnittlauch zusammen mit dem Bier unter den Aufstrich mischen. Dazu gibt es große Laugenbrezen.

Münchner Wurstsalat

250 g Lyoner oder Fleischwurst
2 große Zwiebeln
Salz
schwarzer Pfeffer aus der Mühle
3 EL Essig
5 EL Öl

1. Von der Wurst die Haut abziehen, Wurst in gleichmäßige Scheiben schneiden. Die Zwiebeln schälen und in dünne Ringe schneiden.
2. In einer flachen Schüssel abwechselnd eine Schicht Wurstscheiben und Zwiebelringe übereinanderlegen, mit Salz und Pfeffer würzen.
3. Essig und Öl mit einem Schneebesen verrühren und über den Wurstsalat gießen. Einige Minuten durchziehen lassen.

Hessischer Spuntenkäse

1 kleine Zwiebel
250 g Magerquark
125 g Crème fraîche
1 TL edelsüßes Paprikapulver
Salz
schwarzer Pfeffer aus der Mühle

Die Zwiebel schälen und fein hacken. Mit dem Qark, der Crème fraîche, Paprika, Salz und Pfeffer zu einem cremigen Aufstrich verrühren.

Dieser würzige Käseaufstrich schmeckt mit kleinen Brezen, aber auch auf körnigem Schwarzbrot.

Käsestangen

150 g Mehl
180 g geriebener Hartkäse
110 g Butter
6 EL saure Sahne
Salz
Mehl zum Ausrollen
Fett für das Backblech
Eigelb zum Bestreichen
1 EL Kümmel

1. Aus Mehl, Käse, Butter, saurer Sahne und Salz einen geschmeidigen Teig kneten und 30 Minuten ruhen lassen.
2. Den Teig auf der mit Mehl bestreuten Arbeitsplatte dünn ausrollen und 6 cm lange und 1,5 cm breite Streifen schneiden.
3. Das Backblech fetten, die Streifen darauflegen, mit verquirltem Eigelb bestreichen und mit etwas Kümmel bestreuen.
4. Das Blech in den vorgeheizten Backofen (200°C) schieben und die Käsestangen in 10-12 Minuten goldgelb backen. Sofort vom Blech nehmen und auf einem Rost erkalten lassen. Käsestangen schmecken zum Bier oder zu einem Glas Milch.

Schweinsknöcherlsülze

2 Schweinsfüßchen
1/2 Kalbsfuß
Salz
1 Zwiebel
3 Karotten
2 Petersilienwurzeln
1 Stange Porree
2 Nelken
1 Lorbeerblatt

1. Die Füße werden gründlich lauwarm gewaschen und mit Wasser bedeckt zum Kochen gebracht. Danach das Wasser abgießen. Die Schweinsfüße und den Kalbsfuß mit frischem, kaltem Wasser bedecken, Salz zugeben, den Sud zum Kochen bringen und ihn mehrmals abschäumen.
2. Zwiebel, Karotten und Petersilienwurzeln schälen, den Porree putzen, der Länge nach halbieren und gründlich waschen. Alle Gemüse sowie Nelken und Lorbeerblatt in den Topf geben und zusammen mit den Schweinsfüßen und dem Kalbsfuß bei ganz schwacher Hitze 2-3 Stunden kochen.
3. Die Füße herausnehmen und etwas abkühlen lassen. Das Fleisch von den Knochen lösen, in kleine Stücke schneiden und auf Tellern verteilen. Den Sud über Nacht abkühlen lassen.
4. Am nächsten Tag den Sud entfetten und nochmals erwärmen. In ein großes Sieb ein Leinentuch legen, den Sud durchgießen und dann über das Fleisch geben. Nach Wunsch die gekochten Karotten und Petersilienwurzeln in Scheiben schneiden und zusammen mit dem Fleisch im Sulz erkalten lassen.

Sehr dekorativ sieht auch ein halbes hartgekochtes Ei in jeder Tellersülze aus.

Knoblauchbrot

4 große Scheiben Bauernbrot
3 Knoblauchzehen
2 EL feines Olivenöl
4 große Scheiben Schinken
4 kleine Tomaten
Salz
schwarzer Pfeffer aus der Mühle

1. Das Bauernbrot toasten. Die Knoblauchzehen schälen und auf dem knusprigen Brot verreiben. Olivenöl auf die Brote träufeln und sie mit Schinken belegen.
2. Tomaten waschen, halbieren und die Stielansätze ausschneiden. Die Hälften in Scheiben schneiden. Die Tomatenscheiben auf den Schinken legen und mit Salz und Pfeffer würzen.

Bauernfrühstück

1 kg Kartoffeln
1 große Zwiebel
100 g Räucherspeck
3 EL Öl
3 Eier
3 EL Milch
Salz
1 Bund Schnittlauch

1. Die Kartoffeln waschen, in der Schale kochen, abziehen und erkalten lassen.
2. Die Zwiebel schälen und fein hacken. Den Speck fein würfeln. Die abgekühlten Kartoffeln in Scheiben schneiden.
3. Das Öl in einer großen Pfanne erhitzen, Zwiebeln und Speck darin anbraten. Die Kartoffelscheiben zugeben und knusprig goldbraun werden lassen. Mehrmals wenden.
4. Eier, Milch und Salz verrühren und über die Kartoffeln gießen. Das Ei unter mehrfachem Wenden stocken lassen.
5. Den Schnittlauch waschen, in Röllchen schneiden und dick über das Bauernfrühstück streuen.

Vollkornbrötchen mit Kassler und Kräutersauce

1 EL Kapern
2 Sardellenfilets
2 Essiggurken
4 EL gemischte feingehackte Kräuter (z.B. Petersilie, Basilikum, Kerbel, Schnittlauch)
1 hartgekochtes Ei
5 EL Sonnenblumenöl
1 TL mittelscharfer Senf
Salz
Pfeffer
4 Scheiben Kaßler (je 1/2 cm dick)
4 Vollkornbrötchen

1. Die Kapern, die Sardellenfilets und die Gewürzgurken fein hacken und mit den Kräutern gut verrühren.
2. Das Ei halbieren, das Eiweiß fein hacken. Das Eigelb mit einer Gabel zerdrücken. Nach und nach unter ständigem Rühren das Öl zum Eigelb geben, bis eine sämige Sauce entsteht. Die Kräutermischung und das gehackte Eiweiß damit verrühren. Die Sauce mit Senf, Salz und Pfeffer würzen.
3. Die Kaßlerscheiben auf 4 Tellern anrichten, die Sauce danebengießen. Mit Vollkornbrötchen essen.

―◆―

De grobn Leut kennt ma am Redn, de feinen am Essn.

―◆―

Rollmops

8 grüne Heringe
Salz
2 EL Senf
1 EL Kapern
1 EL grüner Pfeffer
2 Zwiebeln
4 saure Gurken
3/8 l Kräuteressig
1/4 l Wasser
2 TL Zucker
2 Lorbeerblätter
Salz, einige Dillstiele

1. Die vorbereiteten, also entgräteten Heringe aufklappen, schwach salzen und mit Senf bestreichen. Kapern und Pfefferkörner grob hacken. Die Zwiebeln schälen und in Scheiben, Gurken in Keile schneiden.
2. Kapern, Zwiebeln und Gurken auf der Innenseite der Heringe verteilen. Die Heringe zusammenrollen und mit kleinen Hölzchen zustecken. In einen Steinguttopf schichten.
3. Für die Marinade Essig, Wasser, Zucker, Lorbeerblätter und ganz wenig Salz zum Kochen bringen und abkühlen lassen.
4. Die Dillzweige waschen. Die abgekühlte Marinade über die Rollmöpse gießen, die Dillzweige dazwischenlegen. Mit einem Teller verschließen und mindestens 3-4 Tage durchziehen lassen.

Zum Rollmops schmeckt ein Stück Graubrot mit Butter und Schnittlauchröllchen.

Stöckerlmili

Sie brauchen, wenn Sie die Stöckerlmili selbst herstellen wollen, frische, unbehandelte, also nicht pasteurisierte Milch, die Sie sich beim Bauern direkt holen sollten. Gießen Sie 1/2 l Milch in eine Schüssel und geben Sie 1 Eßlöffel Sauermilch dazu. Dann lassen Sie die Milch an einem warmen Platz stocken und erhalten „gestöckelte" Mili. Gut gekühlt schmeckt sie an einem warmen Sommertag köstlich zur Brotzeit oder zum Abendessen. Kenner schätzen dazu dunkles Bauernbrot mit Butter und einen aufgeschnittenen Radi (Rettich).

Holundersaft

3 kg Holunderbeeren
1,5 kg Zucker
6 l Wasser
1/2 l guter Weinessig
2 Zimtstangen
1 Zitrone (unbehandelt)

1. Die Holunderbeeren gründlich waschen und von den Stielen zupfen. Die Beeren mit Zucker, Wasser, Essig und Zimtstangen in einem großen Topf zum Kochen bringen.
2. Die Zitrone waschen, in Scheiben schneiden und ebenfalls mitkochen. Das Ganze etwa 1 Stunde kochen lassen.
3. Den Sud durch ein Sieb oder Tuch gießen, abkühlen lassen und in Flaschen füllen.

Jagatee

1 cl Rum
1 cl Obstler
3 EL Zucker
1/2 l schwarzer Tee

Den Rum und den Obstler in einen vorgewärmten Krug gießen und mit dem Zucker verrühren. Den kochendheißen Tee dazugeben.

Jagatee muß sofort getrunken werden, denn nur wenn er ganz heiß ist, entfaltet er sein volles Aroma. Das „Schwipserl", das man davon bekommt, ist schnell wieder vorbei. Vor allem im Winter, wenn man „ausgefroren" heimkommt, wirkt ein Jagatee wahre Wunder.

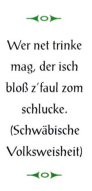

◄o►
Wer net trinke mag, der isch bloß z'faul zom schlucke.
(Schwäbische Volksweisheit)
◄o►

Skiwasser

2 EL frisch gepreßter Zitronensaft
2 EL Himbeersirup
heißes Wasser
1 TL Zucker

In ein großes Glas den Zitronensaft und den Himbeersirup geben. Mit sehr heißem Wasser aufgießen und den Zucker einrühren.

Skiwasser war Annodazumal ein beliebtes Getränk, das man nicht fertig gekauft, sondern selbst hergestellt hat. Man trank es, wenn man kalt und verfroren vom Skifahren nach Hause kam. Der Zitronensaft sorgte für reichlich Vitamin C.

Süßes

Holzknechtsmüsl ist ein traditionelles Reit im Winkler Rezept. Früher bereiteten sich die Holzknechte nach schwerem Tagwerk dieses kräftige Gericht in den Berghütten zu. Eier, Butterschmalz und Magermilch holten sie sich von einer nahegelegenen Alm. Mehl und Äpfel hatten sie von daheim mitgebracht. Notfalls rieben sie statt des Apfels auch einmal Pellkartoffeln hinein. Manche Knechte gaben statt zwei Eiern oft nur eines in den Teig, doch beim Butterschmalz durfte nicht gespart werden, weil sonst das Müsl zu trocken wird.

Wenn meine Enkel zu Besuch kommen, muß ich ihnen jedesmal ein knuspriges Holzknechtsmüsl auftischen.

Holzknechtsmüsl

250 g Mehl
1 Prise Salz
knapp 1/4 l Magermilch
2 Eier
1 großer säuerlicher Apfel
2 EL Zitronensaft
150 g Butterschmalz

1. Mehl und Salz in eine Schüssel geben, nach und nach die Magermilch und die Eier untermischen. Die Masse gut verrühren. 10 Minuten quellen lassen.
2. Den Apfel waschen, halbieren, Kerngehäuse entfernen, die Apfelhälften fein raspeln und mit Zitronensaft beträufeln.
3. In einer großen gußeisernen Pfanne das Butterschmalz erhitzen und den Teig hineingießen. Sobald die Unterseite fest und leicht gebräunt ist, umdrehen, damit auch die andere Seite anbrät. Die Apfelraspeln darüberstreuen und den Teig in kleine Stücke zerstoßen, aber nicht reißen.
4. Das Müsl weitere 10 Minuten unter ständigem Stoßen und Wenden knusprig werden lassen, bis der Teig durch und durch gebacken ist.

Nach Geschmack wird das Müsl mit Apfelkompott oder mit Zucker bestreut gegessen; auch eine Zimtzuckermischung schmeckt sehr gut.

Hasenöhrl

500 g Mehl
40 g Zucker
2 Eier
100 g Butter
1 Prise Salz
6 EL Sahne oder saure Sahne
Fett zum Ausbacken
Puderzucker zum Bestreuen

1. Das Mehl in eine Backschüssel geben. Zucker, Eier, Butter in kleinen Stücken, Salz und Sahne zufügen. Alle Zutaten zu einem glatten Teig verrühren und gut durchschlagen.
2. Den Teig messerrückendick ausrollen und längliche Rauten (8 x 3 cm) ausradeln oder ausschneiden.
3. Das Fett in einem großen Topf erhitzen und die Hasenöhrl darin in etwa 5 Minuten knusprig backen. Nach Wunsch mit Puderzucker bestreuen.

Mancherorts gibt es zu den Hasenöhrln auch noch Hexenschaum. Dazu schlägt man 2 Eiweiße (von ganz frischen Eiern) zu steifem Schnee und mischt 3 Eßlöffel Marmelade darunter. Der Hexenschaum soll gut gekühlt sein.

Auszogene Kücherl

500 g Mehl
20 g Hefe
100 g Zucker
knapp 1/2 l Milch
80 g Butter
2 Eier
1 Päckchen Vanillezucker
abgeriebene Schale von 1 Zitrone (unbehandelt), Salz
Butterschmalz zum Ausbacken

1. Das Mehl in eine Schüssel geben. Die Hefe zerbröckeln und in einer Tasse mit 1 Teelöffel Zucker und 4 Eßlöffeln lauwarmer Milch verrühren. Ins Mehl eine Mulde drücken und das angerührte „Dampfl" (Vorteig) hineingießen. Die Schüssel mit einem Tuch zudecken und den Vorteig an einem warmen Platz 10 Minuten gehen lassen.
2. Die Butter zerlassen und zusammen mit den Eiern, dem übrigen Zucker, dem Vanillezucker, der Zitronenschale, etwas Salz und der restlichen erwärmten Milch in die Schüssel geben. Alle Zutaten verrühren und den Teig schlagen, bis er Blasen wirft und sich vom Schüsselrand löst.
3. Aus dem Teig runde Nudeln formen und nochmals 15 Minuten zugedeckt gehen lassen. Die Nudeln in der Mitte mit bemehlten Händen dünn ausziehen, so daß außen ein dickerer Rand stehen bleibt.
4. Das Ausbackfett erhitzen, die Nudeln ins Fett geben und auf beiden Seiten goldbraun backen. In der Mitte aber müssen die „Auszogenen" hell bleiben.

Himbeerauflauf

300 g Himbeeren (frisch oder tiefgekühlt)
1 Ei
2 Eigelb
150 g Puderzucker
2 EL Mehl
200 g Crème double
Butter für die Form

1. Die Himbeeren kurz waschen und auf Küchenpapier abtropfen lassen (tiefgekühlte auftauen).
2. Ei und Eigelbe mit Puderzucker, Mehl und Crème double zu einer cremigen Masse verrühren.
3. Eine Auflaufform mit Butter ausstreichen. Die Himbeeren in die Form geben und die Crememasse darüber verteilen.
4. Die Form in den vorgeheizten Backofen (190°C) stellen und den Auflauf 25 Minuten backen.

Zwetschgenpavesen

12 altbackene Brötchen
100 g Zwetschgenmus
1 EL Zucker
1 Prise Salz
3 Eigelb
100 g geriebene Mandeln
1/2 l Milch
100 g Paniermehl
Butterschmalz zum Ausbacken
Zucker und Zimt zum Bestreuen

1. Die Brötchen abreiben und in Scheiben schneiden. Die Hälfte der Scheiben mit Zwetschgenmus bestreichen, die anderen Hälften darüberklappen.
2. Zucker, Salz, Eigelb und Mandeln mit der Milch in einer Schüssel verrühren. Die Pavesen darin auf beiden Seiten gut durchziehen lassen, anschließend im Paniermehl wälzen.
3. Reichlich Butterschmalz in einer Pfanne erhitzen und die Pavesen darin goldgelb backen.
Mit Zucker und Zimt bestreuen.

Zwetschgenbavesn —
Wo seid's so lang g'wesen?
Im Himme, drei Wocha —
d' Muatta Gottes tuat kocha,
d'Engal tuan schlecka —
kimmt der Petrus mit'm Stecka,
haut eah aufi auf d'Finga —
mei, de schleckan nimmer!

◀o▶

Schmalznudel-Tradition

Schmalznudeln werden nur in reiner Butter gemacht (daher die große Menge im Rezept). Wenn die Bauern früher die Butter zu Butterschmalz ausgelassen haben, gab man die Nudeln vorsichtig ins heiße Fett. Dort durften sie bei mittlerer Hitze nur ziehen, aber nicht kochen.

Die Schmalznudeln sind fertig, wenn sich das Wasser vom Fett getrennt hat und nach oben gestiegen ist. Die Nudeln sind dann aufgerissen und haben eine leicht bräunliche Kruste. Das Butterschmalz aber bleibt am Boden des Kessels; es wird in ein irdenes Gefäß abgefüllt und zum Kochen verwendet.

Schmalznudeln gab es traditionell am Samstag vor einem Festtag. An solchen Tagen waren Mägde und Knechte besonders hungrig; auch stellte sich gern die Verwandtschaft ein, und alle freuten sich auf Schmalznudeln mit Milchkaffee.

Schmalznudeln

1 kg Mehl
2 kräftige Prisen Salz
1 1/2 Würfel Hefe
2 TL Zucker
200 g Korinthen
1/4 l Sahne
abgeriebene Schale von 1 Zitrone (unbehandelt)
etwas lauwarmes Wasser
Mehl für das Tuch
1,5 kg Butter
1/4 l Wasser

1. Das Mehl und etwas Salz in eine Schüssel geben und in der Mitte eine Mulde machen. Die Hefe zerbröckeln und mit dem Zucker und etwas lauwarmem Wasser verrühren. Den Vorteig in die Mulde geben. Die Schüssel zudecken und das „Dampferl" gehen lassen.

2. Die Korinthen waschen und gut abtrocknen. Die Sahne, Zitronenschale und Korinthen zum Mehl geben und alles vorsichtig vermischen. Bei Bedarf

noch etwas lauwarmes Wasser zugeben. Den Teig nicht schlagen! Zugedeckt bis zur doppelten Menge aufgehen lassen.
3. Mit einem Eßlöffel Ballen ausstechen und auf ein bemehltes Tuch legen. Zudecken und nochmals gehen lassen. Die Butter in einer großen, gut verschließbaren Pfanne erwärmen, aber nicht zum Kochen bringen. Das Wasser vorsichtig zugießen.
4. Die schön aufgegangenen Nudeln ins heiße Fett geben und zugedeckt bei schwacher Hitze 15 Minuten ziehen lassen. Den Deckel abnehmen und sie noch 5 Minuten im heißen Fett weitergaren.

Reisschmarrn

2 Tassen gekochter Milchreis
3-4 Eier
4 Eßlöffel Sultaninen
Fett zum Ausbacken
2 EL Zucker
1/2 TL Zimt

1. Den Milchreis in eine Schüssel geben. Die Eier trennen. Eiweiße steif schlagen. Sultaninen waschen und in lauwarmem Wasser einweichen.
2. Die Eigelbe zum Milchreis geben. Die Sultaninen abgießen und mit Küchenpapier trockentupfen. Zusammen mit dem Eischnee unter den Milchreis geben.
3. Reichlich Fett in einer Pfanne erhitzen und den Teig hineingießen. Die Unterseite goldbraun backen. Beim Wenden den Teig in Stücke teilen und diese rundherum braun werden lassen.
4. Zucker und Zimt vermischen und über den Schmarrn streuen.

Grießschmarrn mit Zwetschgenröster

200 ml Milch
1 Prise Salz, 80 g Butter
1 Päckchen Vanillezucker
150 g Grieß
4 Eier
150 g Quark
60 g Mehl
Butter zum Backen
Puderzucker zum Bestreuen

1. Die Milch mit Salz, der Hälfte der Butter und Vanillezucker zum Kochen bringen. Den Grieß langsam unter Rühren einrieseln und bei schwacher Hitze ausquellen lassen. Den Brei zum Abkühlen beiseite stellen.
2. Die Eier trennen. Die Eigelbe mit dem Quark und dem Mehl unter den Grießbrei rühren. Die Eiweiße steifschlagen und vorsichtig unter die Masse ziehen.
3. In einer Bratreine oder einer feuerfesten Form die restliche Butter zerlaufen lassen und den Teig hineingeben. Die Form in den vorgeheizten Backofen (220°C) stellen und den Schmarrn goldbraun backen. Zwischendurch mehrmals mit zwei Gabeln in Stücke reißen.
4. Den Schmarrn auf einem großen Teller anrichten und mit Puderzucker bestreuen.

Dazu schmeckt am besten Zwetschgenröster, ein Kompott, das aus Zwetschgen, Zucker, Zimt, Nelken und Zitronensaft gekocht wird.

Almnussen

200 g Butter
200 g Zucker
1 Päckchen Vanillezucker
4 Eier
750 g Mehl
1 Päckchen Weinsteinbackpulver
1/4 l Milch
Backfett

1. Die Butter mit dem Zucker und Vanillezucker schaumig rühren. Abwechselnd die Eier und das Mehl mit dem Backpulver zugeben und die Milch einrühren. Es soll ein nicht zu weicher Rührteig entstehen.
2. Reichlich Pflanzenfett (Palmin) in einem großen Topf erhitzen. Vom Teig nußgroße Ballen abstechen und ins heiße Fett geben. Rundherum schön goldbraun backen.

Almnussen waren ein Festtagsgebäck. Sie wurden von den Sennerinnen vor allem zur Almkirchweih am 26. Juli (Jakobitag) in Butterschmalz gebacken und den Almbesuchern aufgetischt. Dazu gab es Milchkaffee.

Dampfnudeln

500 g Mehl
1 Prise Salz
20 g Hefe
100 g Zucker
1/2 l Milch
50 g Butter
2 Eier
abgeriebene Schale von 1 Zitrone (unbehandelt)
Mehl zum Ausrollen
60 g Butterschmalz

1. Mehl und Salz in eine Schüssel geben. In die Mitte eine Mulde drücken. Die Hefe hineinbröckeln, 1 Teelöffel Zucker darüberstreuen. Etwa 1/8 l Milch lauwarm über die Hefe gießen. Den Vorteig vorsichtig verrühren. Zugedeckt an einem warmen Platz 20 Minuten gehen lassen.
2. Die Butter in einem weiteren Achtel der Milch schmelzen. Die Milch zusammen mit den Eiern, der Zitronenschale und 50 g Zucker zum Vorteig in die Schüssel geben und die Zutaten zu einem glatten Teig verrühren. So lange schlagen, bis er Blasen wirft und sich vom Boden der Schüssel löst. Zugedeckt eine halbe Stunde gehen lassen.
3. Den Teig auf der mit Mehl bestreuten Arbeitsplatte zu einer Rolle drehen. Stücke abschneiden und zu etwa eigroßen Nudeln formen. Diese zugedeckt noch einmal für 10-15 Minuten gehen lassen.
4. Die restliche Milch, den übrigen Zucker und das Butterschmalz in einem breiten Topf erhitzen (die Flüssigkeit soll etwa 2 cm hoch sein). Die Nudeln mit etwas Abstand voneinander hineinlegen. Den gutschließenden Deckel für den Topf heiß machen und den Topf damit abdecken.
5. Den Topf auf den Herd stellen und bei mittlerer Hitze die Dampfnudeln in etwa 30 Minuten garen. Der Deckel darf während der ganzen Zeit nicht aufgenommen werden.
6. Die fertigen Nudeln vorsichtig vom Boden des Topfes heben, mit der braunen, knusprigen Unterseite nach oben anrichten und mit Pflaumensauce, Apfelmus oder Sauerkirschkompott essen.

Dampfnudl hamma gestan ghabt,
Dampfnudl hamma heit
Dampfnudl hamma olle Tag,
solangs oa geit.

Welfenspeise

1/2 l Milch
5 EL Zucker
1 Päckchen Vanillezucker
etwas Zitronenschale (unbehandelt)
Salz
40 g Stärkemehl
4 Eier
1/2 l Weißwein

1. Die Milch mit 1 Eßlöffel Zucker, Vanillezucker, Zitronenschale und 1 Prise Salz aufkochen. Das Stärkemehl mit etwas Wasser anrühren und in die kochende Milch gießen; dabei ständig umrühren und die Creme mehrmals aufkochen lassen. Zum Abkühlen beiseite stellen. Die Zitronenschale entfernen.
2. Die Eier trennen. Eiweiße steif schlagen und unter die noch heiße Creme mischen. Diese in eine Glasschale füllen.
3. Die Eigelbe und den übrigen Zucker verrühren. Den Wein angießen und dabei die Creme ständig aufschlagen. Im Wasserbad über Dampf so lange mit dem Schneebesen schlagen, bis die Creme dickflüssig wird. Die Schüssel vom Dampf nehmen und weiterrühren, damit die Masse abkühlt.
4. Die Weincreme über die Eiweißcreme gießen und die Welfenspeise gut durchkühlen lassen.

Die Welfen, das hannoversche Herrschergeschlecht, hatte die Farben Gelb und Weiß im Wappen. So kam die Creme zu ihrem Namen.

Saggrutschen

6 Semmeln
1 Tasse schwarzer Kaffee
500 g Korinthen
2 Eier
125 g Sahne
3 cl Rum
1 Prise Salz
Butterschmalz zum Ausbacken
2 EL Zucker
1 EL Zimt

1. Die Semmeln in kleine Würfel schneiden, in eine Schüssel geben und mit warmem, schwarzem Kaffee übergießen. Die Korinthen waschen, abtropfen lassen und mit Küchenpapier trockentupfen.
2. Korinthen, Eier, Sahne, Rum und Salz in die Schüssel mit den eingeweichten Brötchen geben und alles zu einem Teig vermengen. Wenn er zu weich ist, einige Löffel Paniermehl daruntermischen.
3. Kleine Knödel formen, flachdrücken und in heißem Butterschmalz goldgelb ausbacken. Zucker und Zimt vermischen und über die Küchlein streuen.

◄О►

Die Sommerferien verbrachten mein Bruder Fritz und ich alljährlich bei unserer Großmutter auf der Steinbacher Alm. Und immer wieder wünschten wir uns Saggrutschen.
Wir hatten von daheim ein ganzes Säckchen voll altbackener Semmeln mitgebracht. Alles übrige gab die Großmutter dazu. Vor allem an frischer Butter wurde nie gespart.

◄О►

In Bayern werden die Apfelkücherl in einem Eierkuchenteig herausgebacken, dem man Milch und auch ein Stamperl Rum zusetzt. Man wälzt sie zum Schluß in Zucker und Zimt.

Holunderkompott

500 g Holunderbeeren
1 großer, säuerlicher Apfel
1 EL Zucker
1/4 l Wasser
Saft von 1/2 Zitrone
1 EL Stärkemehl

1. Die Holunderbeeren waschen und entstielen. Den Apfel schälen, halbieren, das Kerngehäuse ausschneiden. Apfelhälften in kleine Stücke schneiden.
2. Die Beeren und die Apfelstücke mit Zucker, Wasser und Zitronensaft aufkochen und 30 Minuten dünsten.
3. Das Stärkemehl mit etwas Wasser anrühren und zum Binden in das Kompott rühren. Noch einige Minuten kochen und dann abkühlen lassen.

Holunderkompott paßt zu vielerlei Süßem, etwa zum Scharrn, aber auch zu Rohrnudeln.

Badische Apfelküchle

4 große Äpfel
40 g Zucker
100 g Mehl
2 EL Öl
1 Prise Salz
1/8 l Bier
4 Eiweiß
Butterschmalz zum Ausbacken

1. Die Äpfel schälen, die Kerngehäuse ausstechen. Die Äpfel in 1/2 cm dicke Scheiben schneiden und diese mit dem Zucker bestreuen.
2. Aus Mehl, Öl, Salz und Bier einen Teig rühren. Die Eiweiße zu steifem Schnee schlagen und unter den Teig heben.
3. Das Butterschmalz erhitzen. Die Apfelscheiben durch den Teig ziehen und im Fett knusprig goldgelb backen.

Am liebsten ißt man die Küchle ganz frisch und heiß mit lauwarmer Vanillesauce.

Strauben Laner Alm

250 g Mehl
2 Eier
1/4 l lauwarme Milch
1 Prise Salz
1 TL Zucker
1 cl Obstler
Sonnenblumenöl zum Backen
Puderzucker zum Bestäuben

1. Aus dem Mehl, den Eiern, der Milch, Salz, Zucker und dem Obstler einen Teig rühren, der fester sein soll als ein Pfannkuchenteig. Den Teig sehr gut durchschlagen und dann etwa 1 Stunde ruhen lassen, damit das Mehl ausquellen kann.
2. In einer hohen Pfanne 1 l Öl erhitzen und den Teig mit Hilfe eines Trichters kreisförmig ins heiße Öl laufen lassen. Die Strauben auf beiden Seiten goldgelb backen und mit Puderzucker bestäuben.

Bei einer Wanderung in Südtirol wurden wir von einem Gewitter überrascht. Wir suchten in der Laner Alm Unterstand und wurden von der Sennerin mit Strauben und einem guten Glas Rotwein bewirtet. Wir konnten zuschauen, wie sie sie herausgebacken hat und haben mit viel Appetit gegessen und getrunken.

Am besten schmecken die Strauben, wenn sie gleich heiß und frisch aus der Pfanne gegessen werden. Sehr gut paßt Preiselbeerkompott dazu.

Aufgezogene Flädle

Aus Südbaden kommt ein Rezept, für das sich gut die Reste von Pfannkuchen verwerten lassen. Man schneidet übrige Pfannkuchen in Streifen, bestreut sie mit Zucker, Zimt, Rosinen und etwas Mehl, rollt sie zusammen und legt sie kreuzweise in eine mit Butter gefettete Auflaufform. Dann verrührt man 4 Eigelbe mit Zucker und süßer Sahne, schlägt die dazugehörigen Eiweiße zu steifem Schnee und hebt diesen unter die Masse. Sie wird über die Pfannkuchen gegossen. Im vorgeheizten Backrohr läßt man die Flädle bei mittlerer Hitze solange backen, bis die Masse goldgelb und fest ist.

Topfenknödel

50 g Butter
100 g Zucker
500 g Quark (Topfen)
2 Eier
Salz
1 Päckchen Vanillezucker
abgeriebene Schale von 1 Zitrone (unbehandelt)
100 g Weißbrot

1. Die Butter mit Zucker, Quark und Eiern schaumig rühren. Salz, Vanillezucker und Zitronenschale zugeben.
2. Das Weißbrot entrinden und in kleine Stücke krümeln. Ebenfalls in den Teig mischen (wenn die Masse zu weich ist, noch etwas Paniermehl unterrühren). Kleine Knödel formen.
3. In einem großen Topf reichlich Wasser zum Kochen bringen. Die Knödel darin 15 Minuten mehr ziehen als kochen lassen.

Man kann die Topfenknödel auch mit Brombeeren oder Aprikosen füllen. Dazu schmecken in Butter geröstete Semmelbrösel oder eine Mischung aus gemahlenem Mohn und Zucker.

3. Das Öl in einer Pfanne erhitzen und Pfannkuchen backen. Diese mit den gezuckerten Erdbeeren belegen.

Versoffene Jungfrau

6 altbackene Semmeln
2 Eier, 2 EL Zucker, Salz
abgeriebene Schale von
1/2 Zitrone
knapp 1/2 l Milch
100 g Paniermehl
Fett zum Ausbacken
1/2 l Rotwein
2 Gewürznelken
etwas Stangenzimt
Zucker nach Geschmack

Hollerkiacherl

2 Eier
150 g Mehl, Salz
1/4 l Bier
10-12 Holunderblütendolden
Fett zum Ausbacken
Zimt und Zucker zum Bestreuen

1. Die Eier trennen. Aus Mehl, Eigelben, Salz und Bier einen dickflüssigen Teig rühren. Die Eiweiße zu steifem Schnee schlagen und unter den Teig ziehen. Die Holunderblüten waschen und trockentupfen.
2. Das Backfett in einer großen Pfanne erhitzen, die Holunderblütendolden im Teig wenden und im heißen Fett knusprig goldgelb ausbacken. Auf Küchenpapier abtropfen lassen. Mit einer Mischung aus Zimt und Zucker bestreuen.

Erdbeerpfannkuchen

500 g Erdbeeren
50 g Zucker
2 Eier
1 Päckchen Vanillezucker
1 Prise Salz
125 g Mehl
1 Messerspitze Weinsteinbackpulver
100 ml Milch
Öl zum Backen

1. Die Erdbeeren waschen, Stiele abzupfen, die Früchte halbieren. Mit 2 Teelöffeln Zucker bestreuen.
2. Die Eier trennen. Eigelbe mit dem restlichen Zucker, Vanillezucker, Salz, Mehl, Backpulver und Milch zu einem glatten Teig verrühren. Die Eiweiße steifschlagen und unter den Teig heben.

1. Von den Semmeln die äußere Rinde abreiben, die Semmeln halbieren.
2. Die Eier trennen. Eigelbe, Zucker, Salz, Zitronenschale und Milch in einer Schüssel verrühren. Die Semmelhälften darin einweichen.
3. Die Eiweiße auf einem Teller gut verschlagen. Das Paniermehl auf einen zweiten Teller geben.
4. Die gut durchgezogenen Semmelhälften einzeln aus der Ei-Milch-Masse nehmen, abtropfen lassen und zuerst im Eiweiß und dann im Paniermehl wälzen.
5. Reichlich Fett in einer Pfanne erhitzen, die Semmelhälften darin rundherum knusprig goldgelb backen.
6. Den Rotwein mit den Gewürzen und Zucker erhitzen, durch ein Sieb über die fertigen „Jungfrauen" gießen.

Rohrnudeln

500 g Mehl
20 g Hefe
1/4 l lauwarme Milch
3 EL Zucker
1 Eigelb
1/2 TL Salz
abgeriebene Schale von 1 Zitrone (unbehandelt)
Mehl für das Backbrett
100 g Zwetschgenröster
1 EL Butter

1. Das Mehl in eine vorgewärmte Schüssel geben und in der Mitte eine Mulde machen. Die zerbröckelte Hefe in etwas lauwarmer Milch auflösen, in die Mulde geben. 1 Eßlöffel Zucker und etwas vom Mehl darüberstreuen und den Vorteig leicht verrühren. An einem warmen Platz 15 Minuten gehen lassen.
2. Das Eigelb, den restlichen Zucker und die übrige Milch, Salz und Zitronenschale in die Schüssel geben, alles gut vermischen und den Teig so lange schlagen, bis er Blasen wirft und sich vom Schüsselrand löst. Wiederum 15 Minuten zugedeckt gehen lassen.
3. Den Teig nochmals durchschlagen. Mit einem Eßlöffel runde Nudeln abstechen, zu Kugeln formen und auf ein bemehltes Backbrett legen. In jede Kugel einen Teelöffel Zwetschgenröster oder Himbeermarmelade geben und sie danach wieder gut verschließen.
4. In einer Reine die Butter leicht erhitzen, die Nudeln mit der Nahtstelle nach unten hineinsetzen, zudecken und erneut 15 Minuten gehen lassen. Die Reine in den vorgeheizten Backofen (210°C) stellen und die Nudeln 30 Minuten backen.

Rohrnudeln schmecken heiß aus dem Backofen eventuell mit etwas Staubzucker darauf, aber auch kalt zum Milchkaffee.

Ofenschlupfer

7 Brötchen
1/2 l Milch
2 Äpfel
4-5 Eier
125 g Zucker
Butter für die Form
1 TL Zimt
50 g Rosinen
2 EL Paniermehl
Butterflöckchen

1. Die Brötchen abreiben, in Scheiben schneiden. Diese in eine Schüssel geben. Die Hälfte der Milch aufkochen und über die Brötchenscheiben gießen. 1 Stunde stehenlassen.
2. Die Äpfel schälen, Kerngehäuse entfernen, die Äpfel in kleine Stücke schneiden. Die Eier und 100 g Zucker mit der restlichen Milch verrühren. Eine Auflaufform mit Butter ausstreichen.
3. Abwechselnd eingeweichte Brötchen, Zimt, Zucker, Rosinen, Paniermehl und Äpfel in die Form füllen, zum Schluß die verquirlten Eier darübergießen und Butterflöckchen aufsetzen. Die Form in den vorgeheizten Backofen (190°C) stellen und den Ofenschlupfer etwa 1 Stunde backen.

Versenkter Apfelkuchen

150 g Butter
250 g Zucker
1 Päckchen Vanillezucker
Salz
4 Eier
275 g Mehl
2 TL Weinsteinbackpulver
125 g Sahne
4 säuerliche Äpfel
2 EL Zitronensaft
Butter für die Form
Puderzucker

1. Butter, Zucker, Vanillezucker und 1 Prise Salz gut verrühren. Nach und nach die Eier zugeben und ebenfalls verrühren.
2. Das Mehl mit dem Backpulver mischen und abwechselnd mit der Sahne zum Teig geben. Gut durcharbeiten.

Bitsche, batsche, Eierkuchen.
Komm der Bäcker hat gerufen,
hat gerufen die ganze Nacht,
da ist mein Kindlein aufgewacht.
Wer will gute Kuchen bachen,
der muß haben sieben Sachen:
Eier und Salz, Butter und Schmalz,
Zucker und Mehl, Safran macht den Kuchen gel.

3. Die Äpfel schälen, halbieren, Kerngehäuse entfernen, die Apfelhälften in dünne Schnitze schneiden. Mit Zitronensaft beträufeln.
4. Eine Springform mit Butter ausstreichen und den Teig hineingießen. Die Apfelschnitze in gleichmäßigem Abstand hineindrücken. Die Form in den vorgeheizten Backofen (175°C) stellen und den Kuchen 70 Minuten backen. Den abgekühlten Kuchen mit etwas Puderzucker bestäuben.

Statt der Apfelschnitze können Sie auch Aprikosen oder Zwetschgen im Teig versenken.

Igel

250 g Butter
200 g Zucker
6 Eigelb
3 EL starker Kaffee
3-4 Schachteln Löffelbiskuits
Rum oder Cognac zum Beträufeln
150 g Mandeln

1. Butter und Zucker schaumig rühren. Nach und nach die Eigelbe und den Kaffee zugeben. Die Creme gut aufschlagen.
2. Die Löffelbiskuits mit Rum oder Cognac tränken. Einen Teil der Creme auf eine Platte streichen. Mit Löffelbiskuits bedecken und erneut Creme aufstreichen. Eine weitere Lage beträufelte Löffelbiskuits darauflegen. So fortfahren, bis die Creme verbraucht ist (die letzte Schicht soll Creme sein). Die Löffelbiskuit-Schichten müssen so gelegt oder auch zugeschnitten werden, daß eine Igelform entsteht.
3. Die Mandeln mit kochendem Wasser begießen, abziehen und der Länge nach in Stifte schneiden. Diese in einer trockenen Pfanne unter ständigem Rühren goldgelb werden und dann abkühlen lassen. Die Stifte in den Igelrücken stecken. Den Igel kühl stellen.

Zwetschgendatschi

1/4 l Milch
30 g Hefe
500 g Mehl
225 g Zucker
1 Prise Salz
abgeriebene Schale von 1 Zitrone (unbehandelt)
100 g Butter
Fett für das Backblech
1,5 kg Zwetschgen

1. Die Milch mit der zerbröckelten Hefe und 50 g von dem Mehl in einem Schüsselchen verrühren. Zugedeckt an einem warmen Platz 15 Minuten gehen lassen.
2. In eine Backschüssel das übrige Mehl geben. Mit 75 g Zucker, Salz, Zitronenschale und der weichen Butter vermischen. Den Vorteig dazugeben und den Teig so lange schlagen, bis er Blasen wirft und sich vom Schüsselrand löst.
3. Ein Backblech einfetten. Den

Teig daraufgeben und dünn ausrollen. Mit einem Tuch bedecken und 30 Minuten gehen lassen.
4. Die Zwetschgen waschen, abtrocknen und entsteinen. Einschneiden und dachziegelförmig mit der Hautseite nach unten auf den Teig legen. Mit 75 g Zucker bestreuen.
5. Das Blech in den vorgeheizten Backofen (220°C) schieben und etwa 30 Minuten backen. Den Kuchen aus dem Ofen nehmen und mit dem restlichen Zucker bestreuen.

Rhabarberkuchen

1 kg Rhabarber
300 g Zucker
300 g Mehl
2 Päckchen Vanillezucker
abgeriebene Schale von 1 Zitrone (unbehandelt)
150 g Butter
5 Eier
Fett für das Backblech

1. Den Rhabarber waschen, abziehen und in Stücke schneiden. Diese mit 2 Eßlöffeln Zucker etwa 20 Minuten stehen lassen. Danach das austretende Wasser abgießen.
2. Das Mehl auf die Arbeitsplatte sieben, 125 g Zucker, 1 Päckchen Vanillezucker, Zitronenschale und Butter in kleinen Stücken dazugeben. Eine Mulde machen. Die Eier trennen. Die Eigelbe in die Mulde geben. Die Zutaten mit einem kühlen Messer hacken und dann schnell zu einem geschmeidigen Teig verkneten.
3. Das Backblech einfetten. Den Teig dünn ausrollen und vorsichtig auf das Blech legen. In den vorgeheizten Backofen schieben und den Boden 10 Minuten vorbacken.
4. Die Rhabarberstücke auf dem Teig verteilen. Die Eiweiße mit dem restlichen Zucker und Vanillezucker zu steifem Schnee schlagen und die Masse auf den Rhabarber streichen. Das Blech erneut in den Ofen schieben und den Kuchen in 20-25 Minuten fertigbacken.

Bienenstich

250 g Sahne
4 Eier
460 g Zucker
1 Päckchen Vanillezucker
1 Prise Salz
230 g Mehl
1/2 Päckchen Weinstein-
backpulver
Fett für das Backblech
230 g Butter
4 EL Milch
2 EL Rosenwasser
je 100 g gehackte und gehobelte Mandeln

Streuselkuchen

1 kg Mehl
1 Prise Salz
1 Würfel Hefe
1/4 l Milch
375 g Zucker
500 g Butter
1 Eigelb
1 TL Zimt
Fett für das Backblech

1. 500 g Mehl mit dem Salz in eine Schüssel geben. In der Mitte eine Mulde machen. Die Hefe hineinbröckeln. Etwas lauwarme Milch, 1 Eßlöffel Zucker und etwas Mehl mit der Hefemilch verrühren. Den Vorteig zugedeckt 15 Minuten gehen lassen.
2. 125 g Butter auflösen, etwas abkühlen lassen und mit 100 g Zucker und der übrigen Milch sowie dem Eigelb in die Schüssel mit dem aufgegangenen Vorteig geben. Alle Zutaten mischen und den Teig so lange schlagen, bis er Blasen wirft und sich vom Schüsselrand löst. Zugedeckt 20 Minuten an einem warmen Platz gehen lassen.
3. Für die Streusel 500 g Mehl, 250 g Zucker und Zimt mit einer großen Gabel mischen. Die restliche Butter erwärmen und zugeben. Aus dem Teig mit den Fingern Streusel machen.
4. Ein Backblech einfetten, den Hefeteig daraufgeben und über das Blech verteilen. Die Streusel darüberstreuen. Im vorgeheizten Backofen (100°C) den Kuchen 15 Minuten gehen lassen. Die Temperatur auf 200°C erhöhen und den Streuselkuchen in 20-25 Minuten goldgelb backen.

◄◊►

Wer um Brot bettelt,
der nimmt a an Kuacha.

◄◊►

1. In einer Schüssel die Sahne mit den ganzen Eiern gut verrühren. 230 g Zucker und den Vanillezucker sowie etwas Salz daruntermischen. Mehl und Backpulver ebenfall in den Teig einarbeiten.
2. Ein Backblech gut einfetten, den Teig daraufstreichen. Das Blech in den vorgeheizten Backofen (180-200°C) schieben und den Boden 15 Minuten backen.
3. Die Butter schmelzen und mit der Milch, dem restlichen Zucker, dem Rosenwasser sowie den gehackten und gehobelten Mandeln verrühren. Eventuell noch 2 Eßlöffel Sahne zugeben. Die Masse auf den bereits halb gebackenen Teigboden streichen.
4. Das Blech erneut in den Backofen schieben und den Kuchen weitere 15-20 Minuten backen. Die Oberfläche des Bienenstichs soll schön knusprig braun sein.

Käsekuchen Großmutter Art

250 g Mehl
1 TL Weinsteinbackpulver
125 g Butter
400 g Zucker
2 Vanillezucker
Salz
7 Eier
1/4 l Sahne
1 Päckchen Vanille-Saucenpulver
2 EL Öl
750 g Quark
Saft von 1 Zitrone
Butter für die Form
Mehl zum Ausrollen

1. Das Mehl auf die Arbeitsplatte geben, mit dem Backpulver mischen. Eine Mulde machen. Die Butter in kleinen Stücken auf dem Mehl verteilen. 125 g Zucker, 1 Päckchen Vanillezucker und Salz zugeben. 1 Ei in die Mulde geben. Alle Zutaten mit einem Messer hacken und zu einem geschmeidigen Mürbteig kneten.
2. Für die Füllung in einer Schüssel den restlichen Zucker mit der Sahne verrühren. Die übrigen Eier trennen. Die Eigelbe in die Zucker-Sahne-Mischung geben und gut durchschlagen. Saucenpulver, Öl, Quark, Zitronensaft und 1 Päckchen Vanillezucker zufügen. Die Masse gut durchrühren. Die Eiweiße zu steifem Schnee schlagen und vorsichtig unter die Füllung heben.
3. Eine Springform mit Butter ausstreichen. Den Mürbteig ausrollen und in die Springform legen. Rundherum einen Rand hochdrücken. Mit einer Gabel den Teigboden mehrmals einstechen.
4. Die Füllung auf dem Boden verteilen und den Käsekuchen im vorgeheizten Backofen (180°C) etwa 80-90 Minuten backen.

Butterschmierkuchen

500 g Mehl
Salz
knapp 1 Würfel Hefe
80 g Zucker
1/4 l Milch
100 g Butterschmalz
abgeriebene Schale von 1/2 Zitrone
170 g Butter
250 g Farinzucker
2 Eier
2 Eigelb
1 TL Zimt
4 Päckchen Vanillezucker
Fett für das Backblech

1. Mehl und Salz in eine Schüssel geben und in der Mitte eine Mulde machen. Die Hefe zerbröckeln und mit etwas Zucker und einigen Eßlöffeln lauwarmer Milch verrühren. Den Vorteig zugedeckt 15 Minuten gehen lassen.
2. Den restlichen Zucker und die übrige Milch sowie das geschmolzene Butterschmalz und die Zitronenschale zum Vorteig geben und die Zutaten zu einem geschmeidigen Teig verarbeiten. So lange schlagen, bis er Blasen wirft und sich vom Schüsselrand löst. Den Teig zugedeckt 20 Minuten an einem warmen Platz gehen lassen.
3. Für die Butterschmiere Butter, Farinzucker, die ganzen Eier, die Eigelbe, Zimt und Vanillezucker gut verrühren. Den gut aufgegangenen Hefeteig auf das gefettete Backblech geben. Die Ränder hochdrücken und die Butterschmiere auf dem Teig verteilen.
4. Das Blech in den vorgeheizten Backofen (180°C) schieben und den Kuchen 35-45 Minuten backen. Wenn sich auf dem Belag während des Backens Blasen bilden, diese mit einem spitzen Messer aufstechen.

Butterschmierkuchen ist ein ursprünglich böhmisches Rezept, das aber inzwischen auch in vielen anderen Regionen geschätzt wird.

Marmorgugelhupf

200 g Butter
200 g Zucker
1 Päckchen Vanillezucker
4 Eier
300 g Mehl
2 TL Weinsteinbackpulver
6 EL Milch
50 g gehackte Mandeln
100 g geraspelte bittere
Schokolade
2 EL Rum
Butter und Paniermehl
für die Form
Puderzucker zum Bestreuen des
Marmorkuchens

1. Die Butter mit Zucker und Vanillezucker schaumig rühren. Die Eier trennen. Nach und nach die Eigelbe unter Rühren zu der Masse geben. Das Mehl mit dem Backpulver mischen und abwechselnd mit der Milch zugeben. Gehackte Mandeln einrühren.
2. Die Eiweiße steifschlagen und vorsichtig unter den Teig heben. Eine knappe Hälfte des Teigs in eine zweite Schüssel füllen und mit den Schokoladenraspeln und dem Rum mischen.
3. Eine Gugelhupfform mit Butter bestreichen und mit Paniermehl ausstreuen. Zuerst den weißen Teig einfüllen. Darüber den dunklen Teig geben. Mit einer Gabel spiralförmig mehrmals durch beide Teige rühren, damit der Kuchen marmoriert wird.
4. Die Form in den vorgeheizten Backofen (190°C) stellen und den Gugelhupf 60-70 Minuten backen. Mit einem Holzstäbchen vorsichtig die Garprobe machen.
5. Den Kuchen aus dem Ofen nehmen und 15 Minuten ruhen lassen. Dann auf ein Tortengitter stürzen und mit Puderzucker bestäuben.

Sandkuchen

4 Eier
250 g Zucker
250 g Kartoffelmehl
2 TL Weinsteinbackpulver
100 g Weizenmehl
1 EL Rum
abgeriebene Schale von 1 Zitrone (unbehandelt)
1 Päckchen Vanillezucker
200 g Butter
Fett und Mehl für die Form

1. Die Eier mit dem Zucker schaumig rühren. Nach und nach das Kartoffelmehl und das mit Backpulver vermischte Weizenmehl zugeben. Anschließend Rum, Zitronenschale und Vanillezucker einrühren.
2. Die Butter zum Kochen bringen. Butter etwas abkühlen lassen und unter Rühren in den Teig gießen.
3. Eine Kranzform gut einfetten, mit Mehl ausstäuben und den Teig einfüllen. Den Sandkuchen auf die mittlere Schiene in den vorgeheizten Backofen (175°C) stellen und 60-70 Minuten backen. Mit einem Holzstäbchen vorsichtig die Garprobe machen.

Auf unseren Tourneen bekommen wir statt Blumen, die ja viel zu schnell verwelken, oftmals selbstgebackene Kuchen geschenkt. Von den besten, zu denen dieser Sandkuchen unserer Meinung nach gehört, haben wir uns das Rezept geben lassen.

Rotweinkuchen

200 g Butter
200 g Zucker
1 Päckchen Vanillezucker
4 Eier
1 Prise Salz
250 g Mehl
2 TL Weinsteinbackpulver
2 gehäufte TL Kakao
1 TL Zimt
1/2 TL gemahlene Nelken
1/8 l Rotwein
100 g Schokostreusel
Fett und Mehl für die Form

1. Butter, Zucker und Vanillezucker schaumig rühren. Nach und nach die Eier und Salz zugeben. Die Masse gut durchrühren.
2. Mehl und Backpulver mischen und in den Teig einarbeiten. Kakao, Zimt und Nelken abwechselnd mit dem Rotwein unter die Masse rühren. Zum Schluß die Schokostreusel hineingeben.
3. Eine Kranzform gut ausfetten und mit Mehl bestäuben. Den Teig hineinfüllen.
4. Den Kuchen in den vorgeheizten Backofen (175°C) stellen und etwa 90 Minuten backen.

Eierlikörkuchen

5 Eier
250 g Puderzucker
3 Päckchen Vanillezucker
1/4 l Sonnenblumenöl
1/4 l Eierlikör
125 g Mehl
125 g Stärkemehl
2 TL Weinsteinbackpulver
Fett für die Form

1. Die Eier mit dem Puderzucker und Vanillezucker schaumig rühren. Nach und nach das Öl und den Eierlikör zugießen und gut verrühren.
2. Mehl, Stärkemehl und Backpulver mischen und in den Teig rühren.
3. Eine große Kastenform gut einfetten und den Rührteig einfüllen. Die Form in den vorgeheizten Backofen (175°C) stellen und den Kuchen etwa 60-70 Minuten backen. Garprobe mit einem Holzstäbchen machen.

Sachertorte

250 g bittere Schokolade
200 g Butter
350 g Zucker
1 Prise Salz
8 Eier
1 Päckchen Vanillezucker
230 g Mehl
4 EL Aprikosenkonfitüre
200 g Blockschokolade
1/4 l heißes Wasser

1. Die Schokolade grob zerbrechen und dann in einer kleinen Schüssel im Wasserbad schmelzen. Im eiskalten Wasserbad so weit abkühlen lassen, daß sie noch weich ist.
2. Butter in einer Rührschüssel glattrühren. 200 g Zucker und Salz zugeben. Einige Minuten weiterrühren. Dann die geschmolzene Schokolade unter den Teig mischen.
3. Die Eier trennen. Nach und nach die Eigelbe unterrühren. Die Eiweiße steifschlagen und dabei den Vanillezucker einrieseln lassen. Das Eiweiß auf die Masse gleiten lassen, danach das Mehl darauf sieben. Beides vorsichtig mit dem Schneebesen unterheben.
4. Eine Springform mit Pergamentpapier auslegen und mit Butter einfetten. Den Teig einfüllen. Im vorgeheizten Backofen (160°C) 80 Minuten backen.
5. Den Kuchen herausnehmen und in der Form abkühlen lassen. Zuerst den Rand lösen und dann den Kuchen auf ein Kuchengitter stürzen. Das Pergamentpapier abziehen.
6. Die Torte einmal quer durchschneiden. Aprikosenkonfitüre glattrühren und beide Schnittflächen damit bestreichen. Torte nun so wieder zusammensetzen, daß die bestrichene Seite oben ist.
7. Für die Glasur die Blockschokolade zerbröckeln und mit dem heißen Wasser in einem Topf glattrühren. Den restlichen Zucker zugeben und die Masse zum Faden kochen. Mit dem Schneebesen so lange weiterrühren, bis die Glasur dickflüssig ist. Auf und um die Torte streichen und mit dem Pfannenmesser glattstreichen. Glasur fest werden lassen. Oberfläche nach Wunsch verzieren.

Kirschbröselkuchen

100 g gemahlene Haselnüsse
100 g Paniermehl (Semmelbrösel)
2 EL Rum
5 EL Rotwein
5 Eier
200 g Zucker
50 g Kakao
1 Prise Zimt
1 TL Weinsteinbackpulver
1 Glas entsteinte Kirschen
Fett für die Springform
Puderzucker zum Bestreuen

1. Haselnüsse und Paniermehl in einer Schüssel mit Rum und Rotwein begießen. 10 Minuten durchziehen lassen.
2. Die Eier trennen. Die Eigelbe mit Zucker, Kakao, Zimt und Backpulver schaumig rühren. Die eingeweichten Nüsse und das Paniermehl zufügen. Die Masse gut durchrühren. Die Eiweiße zu steifem Schnee schlagen und unter den Teig heben.
3. Die Kirschen auf einem Sieb abtropfen lassen. Die Springform gut ausfetten. Den Teig einfüllen, die abgetropften Kirschen daraufgeben.
4. Den Kuchen in den vorgeheizten Backofen (180-190°C) stellen und etwa 1 Stunde backen.

Schokoladenbrot

250 g Butter
250 g Zucker
6 Eier
250 g geriebene Schokolade
250 g ungeschälte gemahlene Mandeln
100 g Mehl
Fett für das Backblech
125 g Schokolade
2 EL Wasser
125 g Puderzucker

1. Butter, Zucker und Eier zu einer schaumigen Masse verrühren. Schokolade, Mandeln und Mehl zugeben. Den Teig gut durcharbeiten.
2. Ein Backblech einfetten und die Masse etwa 2 cm dick daraufstreichen (mit Pergamentstreifen das Überlaufen verhindern). Das Blech in den vorgeheizten Backofen (175°C) schieben und etwa 20 Minuten backen. Das Blech herausnehmen und den

Teig in fingerbreite Streifen schneiden.

3. Für die Schokoladenglasur die Schokolade zerbröckeln und im Wasserbad unter Zugabe von 2 Eßlöffeln Wasser schmelzen. Vom Herd nehmen und den Puderzucker einrühren. Die abgekühlten Teigstücke damit bestreichen und trocknen lassen.

Hier handelt es sich um ein weihnachtliches Rezept aus einer Klosterküche. Schwester Waltraud empfiehlt aber, das Schokoladenbrot erst zwei Tage vor dem Fest zu backen.

Lebkuchen

250 g brauner Zucker
250 g Honig
125 g Butter
125 g Butterschmalz
1, 25 kg Vollkornmehl
1 Prise Salz
3/4 Päckchen Hirschhornsalz
1 Ei
150-200 ml starker, warmer Bohnenkaffee
Lebkuchengewürz (Zimt, Nelken, Muskatblüte, Piment)
1-2 EL Zitronensaft
150 g Puderzucker
50 g Mandeln

1. Den braunen Zucker mit dem Honig zergehen lassen. In einer Schüssel Butter und Butterschmalz damit verrühren. Vollkornmehl, Salz und Hirschhornsalz sowie das Ei zugeben und sämtliche Zutaten zu einem glatten, geschmeidigen Teig verarbeiten. Zum Schluß das Lebkuchengewürz unterrühren. Den Teig über Nacht stehen lassen. Er sollte nicht zu fest sein.
2. Am nächsten Tag auf bemehlter Fläche nicht zu dünn ausrollen und Oblaten damit belegen. Die Lebkuchen auf ein Blech legen und in vorgeheizten Backofen (175°C) etwa 20 Minuten backen.
3. Die abgekühlten Lebkuchen mit einer Glasur aus Zitronensaft und Puderzucker bestreichen. Die Mandeln mit kochendem Wasser übergießen, enthäuten, halbieren und jeweils 3 oder 4 Hälften auf einen Lebkuchen legen.

Cookies

75 g Butter
75 g Zucker
75 g Farinzucker
1 Ei, 1 TL Vanillezucker
100 g Mehl
1/2 TL Salz
1/2 TL Natron
40 g gehackte Haselnußkerne
75 g geraspelte Schokolade
Butter für das Backblech

1. Die Butter mit den beiden Zuckern schaumig rühren. Ei und Vanillezucker, sodann das Mehl, Salz und Natron zu der Masse geben und alles gut durchrühren.
2. Die Haselnüsse in einer trockenen Pfanne leicht rösten und zusammen mit der Schokolade zum Teig geben. Nochmals durchrühren.
3. Ein Backblech mit Butter bestreichen und dann kleine Häufchen von der Masse in großem Abstand auf das Blech setzen.
4. Das Blech in den vorgeheizten Backofen (200°C) schieben und die Cookies etwa 10 Minuten backen.

Springerle

500 g Zucker
4 Eier
abgeriebene Schale von 1 Zitrone
(unbehandelt)
500 g Mehl
1 Messerspitze Pottasche
etwas Anis
Mehl für die Formen
Butter für das Backblech

1. Zucker und Eier schaumig rühren. Zitronenschale, Mehl, Pottasche und Anis zugeben. Die Zutaten gut miteinander verkneten. Den Teig fingerdick ausrollen.
2. Etwas Mehl in ein Mulläppchen binden und die Springerle-Formen damit ausstäuben. Die Holzformen auf den Teig drücken. Sobald die Figuren deutliche Abdrücke hinterlassen haben, werden sie ausgeschnitten.
3. Ein Backblech mit Butter bestreichen, die Figuren darauflegen und sie bei schwacher Hitze 10-15 Minuten backen.

Spritzgebäck

500 g Mehl
1 TL Weinsteinbackpulver
250 g Zucker
2 Päckchen Vanillezucker
250 g Butter
3 Eigelb
abgeriebene Schale von 1 Zitrone
(unbehandelt)
1 EL Sahne
Butter für das Backblech

1. Mehl und Backpulver mischen und auf die Arbeitsplatte sieben. Zucker und Vanillezucker sowie die in kleine Stücke geschnittene Butter zugeben.
2. Im Mehl eine Mulde machen, die Eigelbe hineingeben, Zitronenschale und Sahne zufügen. Die Zutaten mit einem Messer hacken und dann mit kühlen Händen schnell einen geschmeidigen Teig kneten. Den Teig für mehrere Stunden in den Kühlschrank legen.
3. Die Backbleche mit Butter bestreichen. Mit einer Spritzgebäckspritze oder mit dem entsprechenden Vorsatz zum Fleischwolf Stangen, Ringe oder Fragezeichen formen. Das Spritzgebäck auf die eingefetteten Backbleche setzen und im vorgeheizten Backofen (180-200°C) etwa 15 Minuten backen.

Dezembersprüche

Bringt der Advent schon Kält',
sie achtzehn Wochen hält.

Kalter Dezember mit Schnee
gibt reichlich Korn auf der Höh'.

Weißer Dezember, viel Kälte
darein, bedeutet, das Jahr soll
fruchtbar sein.

Wie auch das Wetter sich
gestaltet, beim Jahresschluß
die Hände faltet.

Friert zu Silvester Berg und Tal,
geschieht's dies Jahr zum letzten
Mal.

Am Weihnachtstage wächst
der Tag, so weit die Mücke
gähnen mag.
Am Neujahrstage wächst der
Tag, so weit der Haushahn
schreiten mag.
Am heiligen Dreikönig wächst
der Tag, so weit das Hirschlein
springen mag.

Vanillekipferl

300 g Mehl
125 g Zucker
3 Eigelb
250 g Butter
125 g geriebene Mandeln oder
Walnüsse
Butter für das Backblech
50 g Puderzucker
Naturvanille

1. Das Mehl auf die Arbeitsfläche geben. In der Mitte eine Vertiefung machen. Zucker und Eigelbe hineingeben. Die Butter in Stücken darauf verteilen. Geriebene Mandeln oder Walnüsse zugeben.
2. Mit einem Messer die Zutaten gut durchhacken, dann mit kühlen Händen einen geschmeidigen Teig daraus kneten. Den Teig in Folie wickeln und für 40 Minuten in den Kühlschrank stellen.
3. Aus dem Teig kleine Kipferl (Hörnchen) formen und auf das Backblech legen. Im vorgeheizten Backofen (175°C) 20 Minuten backen.
4. Die Kipferl vom Blech nehmen und noch heiß in einer Mischung aus Puderzucker und Naturvanille wälzen.

Schneeflockenplätzerl

150 g Butter
125 g Zucker
125 g gemahlene Haselnüsse
200 g Mehl
1 Msp. Backpulver
1 Msp. Zimt
Butter für das Backblech
Mehl zum Ausrollen
5 EL Erdbeermarmelade
200 g Puderzucker
2 EL Rum
1 EL heißes Wasser
100 g Kokosflocken

1. Butter und Zucker schaumig rühren. Die Haselnüsse in einer trockenen Pfanne leicht anrösten und zum Teig geben. Zusammen mit dem Mehl, Backpulver und Zimt einarbeiten. Den Teig, in eine Folie gewickelt, für 45 Minuten in den Kühlschrank stellen.
2. Ein Backblech einfetten. Den Teig etwa 1/2 cm dick ausrollen und runde Plätzchen ausstechen. Diese auf das Backblech setzen und im vorgeheizten Backofen (170°C) etwa 15 Minuten backen.
3. Plätzchen auf einem Kuchengitter abkühlen lassen. Die Hälfte davon auf der Unterseite mit Erdbeermarmelade bestreichen und auf die nicht bestrichenen setzen.
4. Aus Puderzucker, Rum und heißem Wasser eine Glasur rühren und die zusammengesetzten Plätzchen damit überziehen. Die Ränder mit Kokosflocken bestreuen.

NUN WÜNSCHEN WIR ALLEN EIN FRÖHLICHES ESSEN

Im Kanon zu 2 Stimmen
Nach einem Gesellschaftslied um 1850.
Kanonfassung: Egon Kraus

1. Und wolln wir zusammen die Mahlzeit verbringen,
so laßt ein paar fröhliche Lieder uns singen!
2. Nun wünschen wir allen ein fröhliches Essen,
soll jeder dabei seine Sorgen vergessen!

Eierlikör hausgemacht

10 Eigelb
500 g Puderzucker
etwas Naturvanille
3/4 l Sahne
1/4 l Weingeist (90%)

1. Die Eigelbe mit Puderzucker und Naturvanille kräftig aufschlagen. Die Sahne zugießen und verrühren. Die Masse so lange schlagen, bis sie schön schaumig ist. Zum Schluß den Weingeist unterrühren.

2. Den Likör in hübsche Flaschen füllen, gut verschließen und dekorativ beschriften.

Kirschlikör

500 g schwarze Kirschen
500 g Sauerkirschen
50 g schwarze Johannisbeeren
1 Zimtstange
1 Gewürznelke
400 g Zucker
1 1/2 l Korn

1. Die Kirschen und Sauerkirschen waschen, entkernen und im Mixer pürieren. Die schwarzen Johannisbeeren waschen und zu den pürierten Kirschen geben. Zimtstange, Nelken und Zucker einrühren und den Korn aufgießen.

2. Den Ansatz in ein gut schließendes großes Glas geben und 2 Wochen an die Sonne stellen. Zwischendurch regelmäßig aufschütteln.

3. Die angesetzten Kirschen durch ein feines Tuch gießen und den Likör in kleine Fläschchen abfüllen. Beschriften und als Geschenk verpacken.

Preiselbeerkompott

1 kg Preiselbeeren
1 große, sehr reife Butterbirne
300 g Zucker
1 Messerspitze Zitronensäure

1. Die Preiselbeeren verlesen und waschen. Die Birne schälen, halbieren, das Kerngehäuse entfernen, die Hälften in kleine Stücke schneiden.

2. Preiselbeeren und Birnenschnitze mit dem Zucker und der Zitronensäure in einen Topf geben. Zum Kochen bringen und dann 15 Minuten bei schwacher Hitze kochen.

3. Anschließend in Gläser füllen und sofort verschließen.

Gläser, die Sie verschenken wollen, sollten Sie besonders nett beschriften.
Preiselbeerkompott paßt gut zu

kaltem Fleisch und Wild. Es ist aber wegen der wertvollen Inhaltsstoffe der Preiselbeeren zugleich fast so etwas wie ein Heilmittel.

Am besten sammelt man die Beeren natürlich selbst. Sie sind erst im Herbst reif, und die etwas mühsame Beerensuche läßt sich mit einer erholsamen Wanderung verbinden.

Holundersirup

10 große Holunderblütendolden
1 l Wasser
2 kg Zucker
50g Zitronensäure

1. Die Hollerblüten waschen und trockenschütteln.
2. Wasser und Zucker miteinander zum Kochen bringen, damit sich der Zucker auflöst. Abkühlen lassen.
3. Holunderblüten und Zitronensäure ins Zuckerwasser geben und das Ganze einige Tage stehen lassen.
4. Den Sirup durch ein Tuch gießen und in kleine Flaschen füllen. Verschließen und nett beschriften.

Holundersirup schmeckt mit Mineralwasser, aber auch mit Sekt aufgegossen. Wir haben ihn erstmals auf einem Bauernhof in Südtirol gekostet und bereiten ihn seitdem immer selbst.

Berberitzenmarmelade

1 kg Berberitzen
500 g Zucker
1 Messerspitze Zitronensäure
2 cl Obstler

1. Berberitzen waschen und abtropfen lassen. Die Beeren mit dem Zucker vermischen und einige Stunden durchziehen lassen.

2. Die gezuckerten Beeren in einem großen Topf unter ständigem Rühren bei schwacher Hitze kochen. Zitronensäure zugeben und den Obstschnaps einrühren. Sehr heiß in Gläser füllen und sofort verschließen.

Diese Marmelade paßt gut zu fetten Fleischsorten. Durch ihren hohen Gehalt an Vitamin C ist sie aber auch gesund.

Eingelegte Knoblauchzehen

1 kg Knoblauch
700 ml Kräuteressig
300 ml Wasser
2-3 EL Zucker
2 EL frische Thymianblättchen
2 Pfefferkörner
1 TL Rosmarinnadeln
2 Salbeiblätter
1 Dolde Dillsamen
1 TL getrocknetes Basilikum
etwas abgeriebene Schale von
1 Orange (unbehandelt)
3-4 EL gutes Olivenöl

1. Den Knoblauch schälen. Essig und Wasser mit dem Zucker sowie sämtlichen Kräutern und Gewürzen erhitzen. Die Knoblauchzehen darin 5 Minuten kochen lassen.
2. Den Topf vom Herd nehmen. Das Olivenöl zugeben. Den Knoblauch mit einem Schaumlöffel herausheben, in ganz kleine Gläser füllen und mit dem Sud bedecken. Fest verschließen. Die Gläser müssen mindestens 4 Tage stehen bleiben.

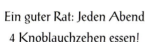

Ein guter Rat: Jeden Abend
4 Knoblauchzehen essen!

Mirabellen in Essig

1 kg Mirabellen
500 g Zucker
1/4 l Weinessig (7%)
1/4 l Weißwein
6 Gewürznelken
1 Stück Stangenzimt

1. Mirabellen aus dem eigenen Garten entstielen und mit einem Küchentuch sauber abreiben. Gekaufte Früchte waschen und vorsichtig trockentupfen. Mit einer Nadel oder einem sehr spitzen Messer bis zum Kern einstechen.
2. Die Früchte in einen Steinguttopf geben, den Zucker darüberstreuen. Weinessig und Weißwein mischen, Nelken und Zimt hineingeben. Die Flüssigkeit über die Früchte gießen, die damit ganz bedeckt sein sollen.
3. Den Steinguttopf in einen mit Wasser gefüllten Topf stellen (das Wasser soll mindestens die halbe Steinguttopfhöhe erreichen). Das Wasser zum Kochen bringen und bei schwacher Hitze 1 Stunde kochen lassen.
4. Den Topf vom Herd nehmen. Die Mirabellen darin kalt werden lassen. Den Steinguttopf 10 Tage kühl stellen. Jeden Tag einmal durchschütteln, damit die Früchte immer von Wasser umgeben sind.
5. Mirabellen in kleinere Gläser oder auch Steinguttöpfe füllen und gut verschließen.

Senfgurken

5 kg Gärtnergurken
200 g Salz
250 g Perlzwiebeln
1/2 Stange Meerrettich
10 Wacholderbeeren
15 weiße und schwarze Pfefferkörner
100 g gelbe Senfkörner
1 1/2 l Weinessig
1 l Wasser
500 g Zucker
1 Päckchen Einmachhilfe

1. Die Gurken waschen, schälen, halbieren und die Kerne mit einem Löffel herauskratzen. Die Früchte in fingerlange Streifen schneiden. Mit dem Salz bestreuen und 12 Stunden zugedeckt stehen lassen.
2. Die Gurkenstreifen in Gläser schichten. Zum Würzen die Perlzwiebeln, den geschälten und in Stücke geschnittenen Meerrettich, Wacholderbeeren und Pfefferkörner zugeben. Obenauf jeweils ein kleines Mullbeutelchen mit Senfkörnern legen.
3. Weinessig, Wasser und Zucker in einem Topf zum Kochen bringen. Den Topf vom Herd nehmen und die Einmachhilfe einrühren. Die Flüssigkeit über die Gurken gießen und abkühlen lassen.
4. Die Gläser mit Cellophan zubinden und beschriften.

Bayerischer Weißwurstsenf

1 l Weinessig, 1 l Wasser
2 große Zwiebeln
6 Gewürznelken
1 Zimtstange
1 Stück Zitronenschale (unbehandelt)
150 g grünes Senfmehl
350 g gelbes Senfmehl
500 g Farinzucker
250 g Zucker

1. Weinessig und Wasser zum Kochen bringen. Die Zwiebeln schälen, mit den Gewürznelken spicken und ins Essigwasser geben. Zimtstange und Zitronenschale zufügen. Den Sud 15 Minuten kochen lassen.
2. Grünes und gelbes Senfmehl sowie die beiden Zucker in den Sud geben und gut verrühren.
3. Den Senf in kleine Gläser füllen und zubinden. Mindestens 6 Wochen stehen lassen.

Butterschmalz

1. Ein Kilogramm Butter in einen flachen, unbeschichteten Topf geben und bei schwacher Hitze „zerschleichen" (schmelzen) lassen und klären. Den Schaum abschöpfen und zu anderweitiger Verwendung wegstellen.
2. Das Fett durch ein feines Sieb oder Tuch in einen Steinguttopf gießen und verschließen.

Bodensatz und Schaum können zum Kochen von Schmalznudeln (Rezept S. 112) gebraucht werden.

Löwenzahnhonig

500 g Löwenzahnblüten
1 l Wasser
1 kg Zucker

1. Die Löwenzahnblüten waschen und abtropfen lassen. In dem Wasser etwa 1 Stunde kochen und dann 24 Stunden zugedeckt stehenlassen.
2. Am nächsten Tag durch ein feines Sieb oder ein Tuch gießen. Den Absud mit dem Zucker etwa 2 Stunden bei schwacher Hitze einkochen; er soll dickflüssig werden.
3. Den Honig in kleine Gläser gießen und gut verschließen.

Löwenzahnhonig schmeckt nicht nur besonders fein, sondern hilft auch gegen hartnäckigen Husten.

Fichtenhonig

Für den Fichtenhonig braucht man die jungen Triebe von Fichtenbäumen. Sie werden gewaschen und kommen in einen Topf. Man gibt soviel Wasser dazu, daß sie gerade bedeckt sind. Die Triebe werden dann etwa 40 Minuten gekocht. Man seiht sie ab und gibt auf 1 l Saft 1 kg Zucker. Der Saft muß nun so lange kochen, bis er dicklich wird und eine honigähnliche Konsistenz bekommt. In Gläser oder kleine Töpfe füllen, erkalten lassen und zubinden. Ein appetitliches Geschenk für gute Freunde!

Ringelblumensalbe

Mehrere Handvoll Ringelblumenköpfe abernten und in kochendes Schweineschmalz geben. Dieses einmal aufschäumen und dann abkühlen lassen. Am nächsten Tag das Ringel-

blumenschmalz noch einmal heiß werden lassen, durch ein Tuch gießen und in einen kleinen Steinguttopf füllen.

Die Ringelblumensalbe ist gegen viellerlei kleine Wehwehchen zu verwenden.

Pechsalbe

Wer die Gelegenheit dazu hat, sollte etwas Baumharz sammeln, aber dafür natürlich keine Bäume anritzen!
Das Harz von Tannen oder Fichten mit Schweineschmalz aufkochen, gut verrühren und in einen Steinguttopf einfüllen.

Pechsalbe hat meine Großmutter immer selbst gemacht. Sie wurde zum Aufstreichen auf eitrige Wunden gebraucht. Als wir Kinder waren, mußten immer wieder unsere aufgeschlagenen Knie mit Pechsalbe behandelt werden.

Seife nach alter Art

1 l Holzaschenlauge
250 g Schmalz
1 Stearinkerze
1 Handvoll Salz
1/2 l Salmiakgeist

1. Die Zutaten bis auf den Salmiakgeist unter Rühren langsam zum Kochen bringen. 3 Stunden bei schwacher Hitze weiterkochen lassen. Wenn die Masse zu dick wird, nach und nach noch Wasser dazugeben.
2. Kurz bevor man den Topf vom Herd nimmt, den Salmiakgeist einrühren. Die Flüssigkeit auf einem mit kaltem Wasser abgespülten Kuchenblech trocknen lassen und in Seifenstücke schneiden.

Großmutter hat uns solche Seife in der Kriegszeit gekocht, als Fabrikseife kaum zu bekommen war. Natürlich können Sie die Seife nach Geschmack aromatisieren, um ihren Wohlgeruch zu erhöhen.

Rezeptverzeichnis

Salate und Vorspeisen 8

Blattsalate mit Austernpilzen 20
Bohnensalat Torsten, Schneller 18
Champignonsalat
    mit Rapunzeln 20
Essig-Öl-Marinade für Blattsalate
    10
Frühlingssalat mit Löwenzahn 15
Kartoffelsalat, Bayerischer 11
Kartoffelsalat mit Rapunzeln 13
Knoblauch-Baguette 23
Linsensalat
    mit Gurken und Tomaten 21
Marinade für Rohkostsalate 10
Nudelsalat mit roten Bohnen 17
Nudelsalat
    mit vielen Gemüsen 17
Reissalat, Bunter 16
Rettichsalat mit Kräutern 18
Rindfleischsalat Maria 16
Salatcreme, Italienische 10
Salatcreme mit Kräutern 11
Salatsauce mit Ei 11
Salat Tante Irmi, Italienischer 13
Schicht-Salat 15
Senfsauce für Fleischsalate 11
Speckkrautsalat 15
Spinattorte 23
Tomatensalat
    mit geriebenem Emmentaler 18
Zucchinisalat 19
Zwiebeln (junge)
    mit Knoblauch eingelegt 19
Zwiebelsalat, Rotweißer 21

Suppen und Eintöpfe 24

Brennesselsuppe 27
Brotsuppe mit Sauerrahm 29
Graupensuppe 36
Grießsuppe 36
Gurkensuppe, Kalte 30
Hagebuttensuppe,
    Sächsische 31

Hochzeitssuppe,
    Oberbayerische 34
Holundersuppe, Dresdner 31
Käsesuppe 36
Karpfensuppe, Moritzburger 39
Kartoffelsuppe
    mit Speckwürfeln 26
Lauchsuppe, Würzige 26
Linsentopf, Erzgebirgischer 38
Leberspätzle 33
Ochsenschwanzsuppe,
    Gebundene 32
Pilzsuppe mit kleinen Knödeln 27
Preßknödelsuppe 28
Räucherfischsuppe 38
Rindssuppe, Bayerische 33
Roggenknödelsuppe 28
Sauerkrautsuppe 37
Tomatensuppe, Kalte 30
Weinsuppe, Kalte 29
Wilderersuppe,
    Reit im Winkler 35

Fleisch und Wild 40

Bauernbratl Tante Wally 45
Bierhaxe 42
Braumeisterfleisch,
    Radeberger 46
Entenbrust (Feine) mit Blaukraut
    49
Fasan nach Art der Winzer 50
Hackbraten Trudi 46
Hirschragout, Sächsisches 51
Kalbsbrust, Gefüllte 48
Kalbsleber, Berliner 53
Kalbsnieren 53
Kräuterfleisch, Augsburger 43
Krautwickel (Kohlrouladen),
    Dresdner 52
Laubfrösche, Badische 53
Pilzhähnchen, Erzgebirgisches 49
Rindfleisch Burgunder Art 45
Rinderrouladen 47
Schweinsbraten, Bayerischer 42
Schweinshaxe, Fränkische 42
Würzfleisch 49

Fisch 54

Bratfisch, Spreewälder 64
Fischpflanzerl Gregor 56
Fischsalat 58
Hecht, Badischer 63
Heilbuttkoteletts (Gebratene)
    mit Estragon 60
Karpfen, Polnischer 62
Lachs auf Gurken-Dill-Gemüse 62
Mandelforelle mit Trauben 65
Matjessalat mit Gurke 58
Muscheln à la Erika 59
Muscheln in Sellerie-Pilz-Sauce 60
Saibling
    mit Sauerampfersauce 64
Schellfisch mit Tomatensauce 56
Seelachsfilets
    auf Ingwermöhren 61
Steinbutt mit Trauben 60

Gemüse 66

Auberginentopf 73
Auberginenrahmschnitzel 73
Bayrisch Kraut 68
Blattspinat 79
Blumenkohl in Weinteig 72
Bohnen (Schwäbische)
    mit Sauerkraut 71
Bohnengemüse, Buntes 77
Bohnen (Grüne)
    mit Tomaten und Speck 77
Bouillonkartoffeln 88
Erbsen mit Schinken 79
Erdäpfelmus (Süßes) mit Rahm 89
Fenchel, Gefüllter 72
Folienkartoffeln
    mit Käsecreme 85
Frikadellen mit Möhren 76
Gemüsepastete 74
Grüne Bohnen
    mit Tomaten und Speck 77
Kartoffelauflauf 87
Kartoffelgemüse, Saures 84
Kartoffelgulasch 86
Kartoffelküchle
    aus dem Badischen 89

Kartoffelküchlein,
  Oberbayerische 88
Kartoffeln überbacken 83
Kartoffelnudeln,
  Spreewälder 84
Kartoffelpuffer 86
Kraut, Bayrisch 68
Krautstrudel, Bayerischer 70
Leipziger Allerlei 74
Mangoldgemüse (Saures)
  mit Knoblauch 80
Ofenkartoffeln Erika 83
Pellkartoffeln mit Quark 85
Pilzreis mit Erbsen 81
Rahmkartoffeln 85
Ratatouille 78
Rauchemad
  aus dem Erzgebirge 84
Röstkartoffeln, Schwäbische 87
Rotkohl
  mit Griebenknödel 68, 69
Sauerkraut-Küchle 69
Schwarzwurzeln
  mit Zitronensauce 76
Sellerieschnitzel 80
Spaghetti
  mit Austernpilz-Ragout 82
Spinatpfannkuchen 80
Zucchini-Champignon-Gratin 81

Nudeln und Knödel 90

Essigknödel 99
Essignudeln 95
Fingernudeln aus Kartoffelteig 94
Geschwollene Gans 97
Kartoffelnocken 95
Kässpätzle 93
Klöße, Gefüllte 96
Knödel, Abgeschmalzte 96
Knödel (Geröstete) mit Ei 99
Krautkrapfen
  aus dem Schwarzwald 94
Maultaschen, Schwäbische 92
Quarkspatzen, Badische 94
Sauerkrautspätzle,
  Schwäbische 94
Schwammerlnudeln 96

Semmelknödel 99
Spätzle 93
Spinatknödel 97

Brotzeit 100

Aufstrichsemmeln, Warme 102
Bauernfrühstück 105
Brotaufstrich mit Kartoffeln 102
Holundersaft 107
Jagatee 107
Käsestangen 103
Knoblauchbrot 105
Oobazta
  mit Laugenbrezen 102
Rollmops 106
Schweinsknöcherlsülze 105
Skiwasser 107
Spuntenkäse, Hessischer 103
Stöckerlmili 107
Vollkornbrötchen mit Kassler
  und Kräutersauce 106
Wurstsalat, Münchner 103

Süßes 108

Almnussen 113
Apfelküchle, Badische 116
Aufzogene Flädle 117
Ausgezogene Kücherl 111
Dampfnudeln 114
Erdbeerpfannkuchen 118
Grießschmarrn
  mit Zwetschgenröster 113
Hasenöhrl 110
Himbeerauflauf 111
Hollerkiacherl 118
Holunderkompott 116
Holzknechtsmüsl 110
Ofenschlupfer 119
Reisschmarrn 113
Rohrnudeln 119
Saggrutschen 114
Schmalznudeln 112
Strauben Laner Alm 117
Topfenknödel 117
Versoffene Jungfrau 118

Welfenspeise 115
Zwetschgenpavesen 111
Zwetschgenröster 113

Kuchen und Gebäck 120

Apfelkuchen, Versenkter 122
Bienenstich 124
Butterschmierkuchen 125
Cookies 130
Eierlikörkuchen 127
Igel 122
Käsekuchen Großmutter Art 125
Kirschbröselkuchen 128
Lebkuchen 130
Marmorgugelhupf 126
Rhabarberkuchen 123
Rotweinkuchen 127
Sachertorte 128
Sandkuchen 127
Schneeflockenplätzerl 132
Schokoladenbrot 128
Springerle 131
Spritzgebäck 131
Streuselkuchen 124
Vanillekipferl 132
Zwetschgendatschi 122

Selbstgemachtes 134

Berberitzenmarmelade 137
Butterschmalz 140
Eierlikör, hausgemacht 136
Fichtenhonig 140
Holundersirup 137
Kirschlikör 136
Knoblauchzehen,
  Eingelegte 139
Löwenzahnhonig 140
Mirabellen in Essig 139
Pechsalbe 141
Preiselbeerkompott 136
Ringelblumensalbe 140
Seife nach alter Art 141
Senfgurken 139
Weißwurstsenf,
  Bayerischer 140

In 1000 Küchen getestet
Mosaik Neue Küche

Diese neue Reihe von Mosaik macht das Nachkochen zum reinsten Vergnügen. Mit vielen leckeren, modernen Rezepten, die garantiert gelingen und schon beim Lesen Lust auf mehr machen!

ISBN 3-576-11141-7

ISBN 3-576-11140-9

ISBN 3-576-11142-5

ISBN 3-576-11144-1

ISBN 3-576-11143-3

ISBN 3-576-11219-7

Je Band:
96 Seiten, ca. 65 Farbfotos
Format: 19,2 x 23,0 cm
Gebunden
Erhältlich überall dort, wo es Bücher gibt.

http://www.mosaik-verlag.de

Mosaik